Schriftenreihe „Beiträge zur Weltlage“ *Band 9*

Menschheitsentwicklung
im Spiegel der Ernährungsformen

Dr. med. Gerhard Schmidt

Verlag Beiträge zur Weltlage
Dornach

Titelzeichnung nach einer Vorlage von E. Schweigler durch D. Boillat

Druck: A. Stebler, Dornach

1988
2. erweiterte Auflage

Postfach 24
Ch-4143 Dornach

ISBN 3-7164-01115

Inhaltsverzeichnis

Einleitung

Die Ernährung stellt einen der Lebensprozesse dar, die mit dem Wesen und der Entwicklung des Menschen auf der Erde seit ihren Anfängen verbunden sind und ihn weit in die Zukunft hinein begleiten werden. Fassen wir Ernährung auf als eine Tätigkeit, bei der von aussen Aufgenommenes im Innern verwandelt und verwertet wird, so folgt daraus zunächst Zweierlei: einerseits setzt dadurch Ernährung voraus, dass innere Lebenstätigkeiten vorhanden und sich von der Umgebung abgrenzen, und auf der anderen Seite ergibt sich daraus eine Verbindung mit weiteren Lebensprozessen, der Atmung und Wärmung. Aber auch andere Lebensprozesse werden von der Ernährung gefordert, vorerst der Absonderungsprozess nach aussen, und der Erhaltungsprozess nach innen. Schliesslich können wir an diese die beiden grossen Lebensvorgänge des Wachstums und der Fortpflanzung anschliessen. Alle diese Lebenstätigkeiten stehen in Wechselwirkung miteinander. Keiner kann ohne den andern bestehen, sie fördern und ergänzen sich und sind als Glieder einer Ganzheit, eines Lebensorganismus, zu begreifen, der die menschliche Organisation durchkraftet. Er ist seinem Wesen nach übersinnliche Natur, offenbart sich aber dem Innern mittels instinktiver Gefühlserlebnisse, die ihrerseits ein höheres Wesensglied voraussetzen. Die Lebensorganisation selbst, die wir ansprechen, bezeichnet Rudolf Steiner als «Bildekräfte-Leib» oder «Ätherleib», letzter in Anlehnung an ältere Ausdrücke, nicht in Anknüpfung an den physikalischen hypothetischen «Äther». Und der Träger der instinkthaften Empfindungen gehört der Seelenorganisation an, für die der Name «Astralleib» gebräuchlich ist. Ernährung spielt sich also vorerst zwischen diesen beiden Bereichen ab, der Lebens- und der Seelensphäre. Um aber das Aussen wahrnehmen zu können, dem die Nahrung entstammt, bedarf es einer weiteren Bildung. Sie ist durch die Sinnesorgane gegeben, von denen einige besondere Bindungen zu den Ernährungsprozessen zeigen. Sie gehören der eigentlichen physischen Leiblichkeit an. Als Polarität zu ihrer Tätigkeit werden wir die im Innern des Menschen sich vollziehenden Bewusstseinsprozesse zu erkennen haben, in denen sich die Ich-Organisation darlebt. Erst durch ihre Anwesenheit und Beziehung zu den andern drei genannten Wesensgliedern des Menschen kann sich eine Bewusstseinskraft im Bereich der Ernährungsprozesse entfalten.

Damit haben wir in aller Kürze eine Grundlage für unsere folgenden Ausführungen skizziert, deren wir bedürfen, wenn wir unseren Gegenstand wirklichkeitsgemäss abhandeln wollen. Nun aber erhebt sich die Frage, welche Wege wir dazu einschlagen wollen, d. h. welcher Methode wir uns bedienen sollten, um uns unserem Ziel zu nähern, die Entwicklung der Menschheit im Lichte ihrer verschiedenen Ernährungsformen zu betrachten.

Der Mythos als Forschungsmethode

Die Naturwissenschaft, insofern sie der modernen Ernährungsforschung methodisch zugrunde liegt, stützt sich auf Sinneswahrnehmung und Experiment. Insofern sie ihren eigenen Prinzipien folgt, kann sie nur Aussagen machen über das Anorganische und kann dadurch nur sehr beschränkte Erkenntnisse für die Ernährungsprozesse liefern, da diese dem Lebensbereich angehören und damit, wie wir klargestellt haben, einer übersinnlichen Tätigkeit. Sie bedient sich der induktiven Methode, d. h. schliesst von Einzelbefunden auf allgemeine Naturgesetze. Zugleich setzt sie dabei voraus, dass diese im Menschen ebenso gültig sind wie in der aussermenschlichen Natur. Diese Konzeption wird bedenkenlos auf die historische und prähistorische Forschung übertragen. Zu welchen Schlüssen dabei moderne Darstellungen gelangen, die gerade unser spezielles Thema betreffen, sei an einem signifikanten Beispiel angeführt. R. Tannahill eröffnet ihre bemerkenswerte Abhandlung über die «Kulturgeschichte des Essens von der letzten Eiszeit bis heute»[1)] mit folgenden Sätzen: «Bis etwa 10'000 v. Chr. war der Mensch kaum mehr als ein erfolgreiches Raubtier. Er lebte nach dem Gesetz des Dschungels und überlebte, weil er ihm gut angepasst war. Er verstand es zu kämpfen, Werkzeug und Kleidung anzufertigen und Bilder an die Wände seiner Höhlen zu malen, ja er konnte sogar schon kochen, aber auf seine Umwelt hat er ebenso wenig Einfluss wie Löwe, Wolf oder Schakal. Was der Selbsterhaltungstrieb und die Nahrungssuche im Lauf einer Evolution von mehreren Million Jahren bis dahin zustande gebracht hatten, war lediglich die Verwandlung einer besonderen Affenart in ein zweibeiniges Übertier - den Menschen.»

Man wird eine solche Argumentation vielleicht als oberflächlich bezeichnen müssen, - jedenfalls ist sie ein typisches Produkt des naturwissenschaftlich orientierten Denkens der Gegenwart. Aus dürftigen Funden von vorzeitlichen Überresten werden weittragende Schlussfolgerungen auf die gesamte Menschheitsentwicklung gezogen und damit das ganze Thema des Buches - die Entwicklung der Ernährungsforschung - präjudiziert. Im Schatten Darwins und Haeckels wird der Mensch zu einem «zweibeinigen Übertier» erklärt, das weder auf den Verfasser selbst noch auf dessen Begriffsbildungsvermögen ein vorteilhaftes Licht wirft. Damit soll jedoch nichts gegen die Fülle von Einzelheiten, die dieses Buch mitteilt, gesagt werden, die wir verschiedentlich noch in unsere Betrachtungen einbeziehen werden.

Hingegen müssen wir umso deutlicher machen, dass eine solche Forschungsmethode niemals ihrem Gegenstand angemessen sein wird. Und hätte nicht Goethe bahnbrechend eine neue Möglichkeit zur Erforschung des Lebendigen eröffnet, so müssten wir bereits an dieser Stelle die Bemühungen um unser Thema aufgeben.

Diese Methode, die im Gegensatz zu der kausalanalytischen von der Idee des Ganzen - Urpflanze oder Urtieres - ausgeht, und von da aus Licht auf die Einzelheit werfen kann, von der Erkenntnis, dass jedem Organismus ein solches gestaltbildendes Allgemeines, Geistiges zugrundeliegt, das das Besondere aus sich hervorgehen lässt, führt zu der Einsicht, dass die Wirklichkeit des Lebendigen sinnlich-übersinnlicher Natur ist. Dieses offenbart sich in der Metamorphose, der Verwandlung, der Entwicklung, versinnlicht sich in der Polarität, vergeistigt sich in der Steigerung, enthüllt sich im Vergleichen, in der Korrelation, der Wechselwirkung. Im Lebendigen steht Alles mit Allem in Verbindung, kann Jedes zugleich Ursache und Wirkung sein, kann das zeitlich Spätere das geistig Frühere sein.

Auf diese Weise werden wir lernen, ein wirklich geistgemässes Bild unserer Nahrung, unserer Lebensmittel zu gewinnen, und dadurch auch seine Stellung in der Menschheitsentwicklung erkennen. Ob es nun die Milch ist, die uns als Urnahrung entgegentritt, oder das Getreide, das gleichsam ein Urmotiv der menschlichen Ernährung darstellt, ob uns in Obst und Gemüse die Versinnlichungen mannigfaltiger Schöpferkräfte erscheinen, - immer werden wir an ihnen die gewaltige Frage aufwerfen: Was ist ihr Verhältnis zum Menschen, welche Wechselwirkung gehen sie ein zu seinem Wesen, zu seinem Leben, seiner Seelenorganisation, seinem Ich? Welche Idee liegt ihrem Auftauchen oder Verschwinden, ihrer Entdeckung oder ihrem Vergessen, im Bilden der Ernährungsformen, im Entwickeln des menschlichen Bewusstseins zugrunde?

Was aber ist der Mensch selbst in diesem Zusammenhange, wenn wir uns nicht mit der Hypothese des «zweibeinigen Urtiers» begnügen wollen?

Goethe konnte diese Frage noch nicht vollgültig beantworten, wohl aber wichtigste Ansätze dazu entwickeln, und das allerwichtigste dafür liegt in dem Betätigen - Lernen seiner Methode, im Ausüben, im Vollziehen des Goetheanismus. So konnte Rudolf Steiner, der selbst das vollkommenste Entwickeln dieser Ansätze vollzog, aussprechen: «Das Wichtigste im Goetheanismus steht nicht bei Goethe, ... Goethe fordert von uns, dass wir mit ihm arbeiten, mit ihm denken, mit ihm fühlen, dass wir seine Aufgabe so wie wenn er überall hinter uns stünde und uns auf die Schulter klopfte und Rat erteilte, weiterführen».[2)] Wenn z. B. Goethe sagt: «Wer sie, (meine Schriften) und mein Wesen überhaupt verstehen gelernt, wird doch bekennen müssen, dass er eine gewisse innere Freiheit gewonnen», so können wir an solchen Worten selbst erfahren, wie der Mensch im lebendigen Vollziehen der Wechselwirkungen zwischen ihm und der Natur, zwischen ihm und seiner Nahrung, eine Verwirklichung der Bestimmung seines Wesens in der Freiheit entgegengehen kann. Indem er nicht nur seinem Nahrungstrieb folgt oder einer abstrakten Ernährungstheorie, wird er wiederum lernen können, wie Ernähren ein Wechselwirken zwischen dem Makrokosmos und Mikrokosmos darstellt, das seine Entwicklung zur Freiheit fördern kann.

Dafür bedarf aber die Erkenntnismethode zur Erforschung des Lebendigen einer Ergänzung und Erweiterung in das Gebiet des Seelisch-Geistigen.

Die Freiheit, die wir hier meinen, ist nur möglich, wenn sie sich auf der Grundlage eines bewussten Wesens entfaltet. Der Mensch gelangt aber zu diesem Bewusstsein durch die Erfahrung seines Denkens. Das Denken als solches ist übersinnlicher Natur, es ist aber zugleich «das letzte Glied in der Reihenfolge der Prozesse, die die Natur bilden»,[2)] insofern es die menschliche Leiblichkeit in Anspruch nimmt. Hier kommt noch das Wechselwirken zwischen dem Leiblichen und dem Menschengeiste in Betracht, wie es sich in der Ernährung abspielt. Dieser selbst aber gehört der geistigen Welt an und kann daher nur durch Geistiges erfasst werden. Hier muss deshalb die Idee der Persönlichkeit an Stelle der allgemeinen Typusidee treten. Rudolf Steiner sprach von der «psychologischen Methode», die «wie ein Vertiefen des Geistes in seine eigene Tätigkeit» darstellt. Wir «suchen uns zu einer Betrachtung des menschlichen Individuums überhaupt zu erheben.»[2)] Und in dieser Betrachtung der Entwicklung des Individuums zu sich selbst, das Heranreifen des menschlichen Bewusstseins zu erfassen, das ihn zur Freiheit befähigt, ist zugleich die «historische Methode» gegeben, für die als oberstes Gebot «die Hingabe an das Objekt» gilt. «Ihr Gegenstand ist die Idee, wie jener der unorganischen Wissenschaft das Naturgesetz, der Organik der Typus war.»[2)]

Diese drei Prinzipien werden wir zu berücksichtigen haben, wenn wir etwas wirklichkeitsgemässes über unser Thema aussagen wollen. Jedoch brauchen wir für unser spezielles Anliegen dieser Abhandlung noch ein viertes methodisches Element. Denn wir wollen im Folgenden gerade den Versuch machen, die Entwicklung des menschlichen Bewusstseins im Spiegel der Ernährungsformen in jenen Epochen zu erfassen, die im Wesentlichen der prähistorischen Zeit angehören. Wenn wir dabei nicht, wie Tannahill, den Menschen als «Raubtier», das «dem Gesetz des Dschungels» folgte, zugrunde legen, müssen wir in der Lage sein, zu den anderen genannten Quellen unserer Erkenntnis noch eine weitere zu erschliessen. Sie ist uns in einem hervorragenden Zeugnis der menschlichen Kultur selbst gegeben, der Welt der Sagen, Märchen und Legenden, der **Mythologie.**

In seinem Aufsatz «Mythos und Philosophie» bemerkt Karl Jaspers, dass dieser dem Wortsinn nach «Erzählung» bedeute. Sie «weisen auf das Sein im Grunde», oder «erscheinen von dort her mitgeteilt und sprechen» «die Motive unserer Existenz» aus. «Das Unzugängliche wird in der Erzählung offenbare Erscheinung.»[3)] In diesem Bemühen, eine exakte moderne Mythenforschung zu begründen, hätte sich Jaspers von Albert Steffen anregen lassen können, der in seinem Essay «Über apollinische und dionysische Weltanschauung» schreibt: «Hier ist aber sogleich zu bemerken, dass sich der Mythos nur einem höheren Bewusstseinszustand, als wir ihn heute haben, aufschliesst.»[4)] Mit anderen Worten: um die Bildsprache des Mythos verstehen zu lernen, bedarf es der Anwendung einer solchen Methode, wie wir sie oben charakterisiert haben. Einer kausalanalytischen Deutung werden ebenso die prähistorischen Felsmalereien, wie die Bilderwelt der Mythen und Sagen verschlossen bleiben. Denn sie sind in Wirklichkeit Verkleidungen hoher geistiger Anschauungen, die in alten Zeiten nur in einem solchen Gewande der Menschheit zugänglich gemacht werden konnten. Die spirituellen Hintergründe als solche blieben im Tempelinnern verborgen.

Dieser Tatsache war sich ein Forscher des 19. Jahrhunderts wohl bewusst, der darum auch von seiner Zeit kaum beachtet wurde: Johann Jacob Bachofen. Er schrieb: «Den Inhalt der Mysterienlehre in Worten dazulegen, wäre Frevel gegen das oberste Gesetz; ihn durch Mythen darzustellen ist der einzig erlaubte Weg.»[5)] Durch seine bedeutsamen Forschungen beschreibt er selbst diesen Pfad: «den Inhalt der Mysterien in seiner doppelten physischen und metaphysischen Bedeutung im Gewande der Mythenbilder dem Beschauer vor die Seele» zu führen. Wir werden auf diese grosse Persönlichkeit in einem der nachfolgenden Kapitel darum ausführlich zurückkommen. Hier wollen wir aber noch hervorheben, dass Bachofen mit seiner Aussage der «doppelten physischen und metaphysischen Bedeutung» der Mythen auf eine gewichtige Tatsache aufmerksam wurde, die freilich erst die moderne Geistesforschung voll erschliessen kann. So sprach Rudolf Steiner mit folgenden Worten über dieses Thema: «In den Mythen stecken tiefe Wahrheiten, die mit der Wirklichkeit mehr zusammenhängen als diejenigen Wahrheiten, welche xxxx durch die moderne Naturwissenschaft über diese oder jene Dinge ausgesprochen werden. Physiologische, biologische Wahrheiten über den Menschen stek ken in den Mythen, und sie stecken so in den Mythen, dass beim Entstehen desjenigen, was im Mythos zum Ausdruck kommt, das Bewusstsein von der Zusammengehörigkeit des Menschen als Mikrokosmos mit dem Makrokosmos zugrunde liegt.»[6)] Hier wird deutlich auf die Doppelnatur der Bildersprache des Mythos hingewiesen, ihre spirituelle und physiologisch-biologische Seite, die aber in Wirklichkeit eine einheitliche ist. Denn in der mythischen Vorzeit erlebte der schauende Mensch noch die Einheit des Leiblichen und Seelisch-Geistigen, deren Erkenntnis wir heute mit neuen Methoden erringen müssen. Das Verständis der Mythologie ist in diesem Sinne zugleich ein Schritt auf dem Wege zu einer neuen Geisteserkenntnis. Und ebenso kann diese Methode zu einem objetiven Erfassen der Menschheitsentwicklung beitragen, insofern der Mythos «als echtes, von dem Einfluss frei schaffender Phantasie unabhängiges Zeugnis der Urzeit»[5)] erkannt werden kann. Bachofen, den wir hier noch einmal zitieren, meinte damit den objektiven Bildcharakter der Mythologie, der nichts zu tun hat mit subjektiv persönlicher Phantasie, wie man heute so gern die Mythen interpretieren möchte. In diesem Sinne kann der Mythos, wie Bachofen fortfährt, «als unmittelbare historische Offenbarung, folglich als wahre, durch hohe Zuverlässigkeit ausgezeichnete Geschichtsquelle» dienen.

Damit haben wir mit der gebotenen Kürze die methodischen Grundlagen skizziert, die wir mit diesen Betrachtungen anstreben, und können nun die bereits eingangs erwähnten Ausgangspunkte wieder aufgreifen.

Physiologie und Mythologie in der Ernährungsforschung

Wir waren davon ausgegangen, den Ernährungsprozess gleichsam in unmittelbare Nachbarschaft zu den Lebensprozessen der Atmung und Wärmung zu rücken, und auch die anderen Lebensprozesse, die Absonderung, Erhaltung, in dieses Wechselwirken einzugliedern. Das Gleiche gilt auch von den beiden weiteren Lebensfunktionen, dem Wachstum und der Fortpflanzung. Wenn wir einen Blick auf die Embryonalentwicklung des Menschen werfen, so können wir darin Stadien bemerken, in denen diese Tätigkeiten noch mehr oder weniger eng miteinander verwoben sind. Besonders was die Ernährung, Atmung, Wärmung, Absonderung und Erhaltung betrifft, so sind sie alle durchzogen von dem verbindenden Element der bewegten Flüssigkeit. In der Tat stellt das embryonale Anhangsorgan der Placenta für den Fetus zugleich das Organ der Ernährung, Atmung und Absonderung (Ausscheidung) dar. Damit ist aber die Durchwärmung verbunden, und zwar sowohl Bildung wie Erhaltung von Wärme, entsprechend den Lebensbedingungen des Organismus.

Eine weitere Ausbildung erfahren die Lebensprozesse in der sog. Homöostase, dem Aufrechterhalten eines konstanten inneren Milieus des Flüssigkeitsorganismus. Inmitten eines ununterbrochenen, intensivsten Stoffwechsels ist dieses «innere Meer» in der Lage, in jedem Augenblick ein Gleichgewicht aller Funktionen herzustellen, da nur dann das Leben sich erhalten kann. Dieses unaufhörliche Spiel von Wechselursachen und Wirkungen, «dessen Vollkommenheit den Beobachter in Bewunderung versetzt,»[7)] wie ein moderner Pathologe schreibt, führt uns in das Gewebe der Lebensprozesse, die ineinander verwoben, sich durch das ganze menschliche Leben fortsetzen.

Rudolf Steiner hat über die Tätigkeit dieser «Gewebeflüssigkeit» zu den Ärzten mit grösster Deutlichkeit gesprochen: «Es ist nicht richtig, wenn man glaubt, dass nur die Zufuhr der Nahrungsmittel es ist, die das menschliche Leben unterhält,» sondern «die Tätigkeit des lebendigen Kräftespiels n der Gewebeflüssigkeit unterhält das Leben.» Aber die Nahrung muss «anregend wirken auf diese Tätigkeit ...[8)] Hier blicken wir hinein in das eigentliche Zentrum der Lebensprozesse, «wie eins im andern wirkt und lebt» (Goethe) durch das ganze menschliche Leben. Hier werden aber nicht nur embryologische Zustände metamorphosiert fortgesetzt, sondern gemäss dem Gesetz der Wiederholung der Phylogenese in der Ontogenese spiegeln sich in diesen Lebensprozessen frühere Stadien der

Menschheitsentwicklung. Sie haben, wie wir auch noch an einem weiteren Beispiel sehen werden, ihre Spuren im gegenwärtigen Organismus hinterlassen, wir werden sie aber auch in den Zeugnissen der Mythologie wiederfinden.

Dieser Flüssigkeitsmensch kann freilich keine physischen Spuren hinterlassen, wie die Knochengerüste späterer Zeit, weist jedoch genauso exakt auf eine vergangene Entwicklungsstufe der Menschwerdung hin. Die Geistesforschung hat diese Epoche als die «lemurische Zeit» bezeichnet, die im frühren Erdenwerden ihre Gestaltung auf dem lemurischen Kontinent gefunden hat, dessen Überreste noch heute in den Inselgruppen zwischen Südostasien und Australien zu finden sind. Bei diesem lemurischen Menschen waren verschiedene Funktionen, «die heute getrennt sind, noch in einer gewissen Vereinigung ... Atmung und Ernährung waren in einer gewissen Beziehung etwas Zusammenhängendes, eine gemeinsame Verrichtung, die sich erst später geteilt hat.»[9)]

Auch im gegenwärtigen Menschen finden sich noch deutliche Hinweise auf diese ursprüngliche Einheit. So sind bekanntlich vom Munde bis an die Grenze der Speiseröhre Atem- und Nahrungswege gemeinsam. Und zugleich sehen wir, wie nach oben eine Verbindung der Atemwege mit Sinnesorganen erfolgt: der Luftwege mit dem Geruchsorgan, aber - mittels der eustachischen Tube - auch mit dem Mittelohr. Andererseits verbinden sich die Nahrungswege mit dem Geschmacksorgan auf Zunge und Gaumen. Wohlbekannt, doch weniger beachtet von der modernen Physiologie, ist auch die Verbindung zwischen der Atmung und der Gehirnfunktion mittels der rhythmischen Bewegung der Cerebrospinalflüssigkeit. Diese erstreckt sich zugleich durch das Zwerchfell hinunter in den Stoffwechsel, indem sie die Leber im Atemrhythmus bewegt. Und schliesslich müssen wir auch die enge anatomische Verbindung beachten, die zwischen den Absonderungs- und Reproduktionsorganen im unteren Organismus besteht.

Das alles lässt erkennen, wie in der Gestaltbildung und teilweise auch in den Funktionen ursprüngliche Verhältnisse sich fortsetzen, die in frühen Zeiten der Menschheitsentwicklung herrschten. Diese haben aber nicht nur andere Lebensbedingungen geschaffen, sondern ebenso auch andersartige Bewusstseinsfähigkeiten. In seiner «Geheimwissenschaft im Umriss» hat Rudolf Steiner diese deutlich beschrieben bei der Schilderung früher Erdzustände: «Von dem gegliederten Leib wird die Luft ausgestossen und eingesogen: die erste Anlage zum späteren Atmungsprozess. Auch wird das Wasser aufgenommen und ausgestossen: eine ursprüngliche Art des Ernährungsprozesses beginnt.»[10] Aber auch die beiden anderen Prozesse, die Wahrnehmung und die Fortpflanzung zeigen eine solche Wechselwirkung, indem «eine Art von äusserer Wahrnehmung bei der charakterisierten Art von Befruchtung» stattfindet. Sinneswahrnehmung, Atmung, Ernährung und Fortpflanzung und mit ihnen verbunden auch die Durchwärmung, bildeten eine Einheit. Sie bewirkten und wurden gleichzeitig bewirkt in dem Kräftespiel zwischen dem Flüssigkeitsleib, dem Gasleib, dem Wärmeleib, die in der physischen Organisation noch sich frei entfalten konnten. Sie bildeten die Grundlage für die Bewusstseinsprozesse, die von Bildern durchwoben den Menschen noch zum Teilnehmer wie zum Gefäss machten übersinnlicher Geschehnisse. Und nun hören wir über diese Tätigkeiten im Weiteren: «Eine Art wässrige, grob ausgedrückt, milchartige Substanz nahm der Mensch in sich auf, und das gab ihm gleichzeitig dasjenige, was er heute abgesondert in der Atmung und Ernährung hat.»[10]

Damit ist zum ersten Mal eine konkrete Substanz in den Blickkreis unserer Betrachtungen gekommen, die zugleich uns zu dem Ursprung der Ernährungsformen überhaupt führt, die **Milch.**

Verfolgen wir dieses Thema, so weist es uns gleicherweise den Weg zum Verständnis des Wandels der Bewusstseinsentwicklung des Menschen wie der Ernährungsformen. Es spiegelt sich in der Physiologie wie in der Mythologie.

Urnahrung Milch in der nordischen Mythologie

In der grossartigen Bilderwelt der Edda wird das «Ginnungsgagap» geschildert, ein Abgrund, ein Chaos, das im Süden an Muspelheim, im Norden an Niflheim grenzte. Durch das Zusammenströmen der beiden Elemente, dem Feuer des Südens und dem Kältenebel des Nordens, wird ein Wesen geschaffen, der Riese Ymir. Die Feuerfunken von Muspelheim brachten das Eis von Niflheim zum Schmelzen und aus der Befruchtung beider geht der Riese Ymir hervor. Aus dem schmelzenden Eis des Ginnungsgagap entspringt zugleich ein weiteres Wesen: **Audumla,** die Kuh, das Gebärende und ernährende Prinzip, von deren Milch sich der Riese Ymir ernährt.

Weiter wird berichtet, dass die Kuh Audumla aus den Eismassen von Niflheim ein Göttergeschlecht hervorleckt, durch dessen Kräfte der Riese Ymir getötet wird. Aus dem toten Riesen wurde die sichtbare Welt geformt: aus seinem Blute das Meer, seinem Fleisch die Erde, seinen Knochen die Felsen und Berge, aus seiner Hirnschale das Firmament, dem Gehirn die Wolken, seinen Augenbrauen Mitgard, die Wohnung der Menschen.

Von diesen Bildern werden wir in einen Erd- und Menschheitszustand zurückgeführt, den wir oben als den der ursprünglichen Einheit von Atmung, Ernährung, Sinneswahrnehmung und Befruchtung beschrieben haben, bis hinein in die Zeit der Formung der bis heute erkennbaren Menschen- und Erdgestaltung.

Wie eine Urerinnerung des alten nordischen Menschen tritt uns das Ginnungsgagap entgegen, ein schöpferisches Chaos, aus dem sich ein feuriges Gebiet, der Stoffwechsel und ein Kältepol, das Nerven-Sinnes-Gebiet herausgliedern. Ymir, der zum Denken und Schauen veranlagte Mensch, tritt hervor, der werdende obere Mensch. Nach unten bildet sich der Ernährungsprozess, der werdende, im Traum-Schlaf verharrende Willenspol, der Gebärende, die Kuh Audumla. Aus dieser Zweiheit formt sich der neue Mensch, das neue menschliche Bewusstsein, die erwachende Ichkraft.

Vom Norden her, vom Bewusstseinspol, fliessen zwölf Ströme herab, die 12 Gehirnnerven, die des Menschen Inneres aufschliessen für die Wahrnehmung der Welt. Mit dem Ernährungsstrom des Südens, der Urmilch, bildet sich das Blut heran, und mit ihm das Herz, die Mitte zwischen oben und unten. Von ihm geht die Sprachbildung aus, die sich nach oben im Kehlkopf und Mundorganismus aufschliesst. Nach unten trennen sich die Reproduktionsorgane ab. Es bildet sich das zweigeschlechtliche Prinzip.

Das alles schildert uns der Mythos und lässt deutlich erkennen, wie tiefe Blicke der alte Mensch in das Menschen- und Weltwerden werfen konnte. Wir erfahren von dem ursprünglich einheitlichen Menschenwesen, der noch in dem alten Tiefschlafbewusstsein gleichsam im Schosse der Gottheit ruht, erleben die allmähliche Trennung der Funktionen, das Herausbilden eines Kopf- und eines Gliedmassenpoles, die Bildung und Öffnung der Sinnensorgane, des Zentralnervensystems wie auch des Stoffwechsels. Das alles macht ein neues Ernährungssystem notwendig. Die Urmilch, die dem alten Menschen aus der Umgebung zufloss, wird verwandelt in eine neue Milchbildung. Das Blut wird aus der Urmilch gebildet, wie die spätere Milch aus dem Blut. Das Herz reift heran, der Kehlkopf formt sich.

Rudolf Steiner hat in Vorträgen des Jahres 1907 den Zusammenhang zwischen den physiologischen Prozessen und der seelisch-geistigen Entwicklung des Menschen mit den Mitteln der modernen Geistesforschung erhellt. «Der Mensch fühlte sich zwar schon als Ichwesen, aber es war ihm noch nicht das Ich-Bewusstsein aufgegangen. Was war alles entstanden in dem Menschen? Es war das entstanden, was von den 12 Strömen kam, was seinen Kopf mit den Gehirnnerven durchsetzte; das aber war auch entstanden, was die mit seinem Kopf zusammengehaltene Rumpfnatur enthielt - die also von der Kuh Audumla abstammte. ... Und auch ohne das selbstbewusste geschlechtliche Wesen können sie sich die Sprache nicht vorstellen.»[11] Es bereitet sich die Innerlichkeit des Menschen vor. Der letzte Schritt auf diesem Wege wird aber vollzogen durch die Tötung des Ymir. Jetzt steigt der Mensch vollends herab in die Sinneswelt. Sein Denken bindet sich an das Gehirn, sein Leib wird der Schwere unterworfen. Es muss ein Stoffwechsel entstehen, der den Erdenverhältnissen angepasst ist. Herz und Kreislauf müssen umgebildet werden, wie noch heute bei der Geburt des Menschen. Die Milch wird Erdennahrung. In der Säuglingsnahrung der ersten Lebenszeit wird nachgeahmt, was sich in dieser Menschheitsepoche abspielte. Die Milch behielt ihren universellen Charakter, die den ganzen Menschen ernährt. Die Milch bewahrt ihre Bildekraft, selbst dann, wenn sie in ein anderes Lebewesen hinüberströmt. «Die erste Nahrung war für den Menschen immer die Milch.» Sie sollte es bleiben, wenn der Mensch verantwortungsvoll mit ihr umgehen lernt.

Wir begreifen, warum die Milch in alten Zeiten als Vermittler von Heilkräften diente. Das hängt mit ihrem Wesen zusammen, das sich der Selbstheitssphäre des Blutes entringt, sich den Unschuldscharakter der reinen Bildekräfte der Pflanzen nähert.

Bis in Einzelheiten hinein können wir diese Geschehnisse durchschauen lernen. Wie bekannt, ist die Milch eine Schöpfung spezieller Drüsen, durch die der Blutstrom sich bewegt. Vom anatomischen Gesichtspunkte sind es modifizierte Schweissdrüsen. Man könnte also die Milch auch eine Ausschwitzung des Organismus nennen. Wie aber kommen solche Bildungen zustande? Jede Absonderung - in der wir einen Lebensprozess erkannt haben - beruht auf einem physiologischen Prozess, der seelisch eine gefühlsmässige Eigenempfindung vermittelt. Wir können dies deutlich bei jedem Schwitzprozess beobachten, ebenso beim Weinen. Die Milchbildung, wie sie als letzte Metamorphose der Urmilch auftritt, wird also zunächst in einen Verselbstungsprozess hineingezogen. Sie wird dem Blut verwandt. Sie gewinnt Bezug zu der Geschlechtsfunktion. Aber auf der andern Seite ist bekannt, dass sich die Milchdrüsenanlagen aus dem Ektoderm bilden, dem die ganze Haut und vor allem das Nervensinnessystem entstammt. Der Milchbildeprozess wird dadurch auch diesem Pol verwandt. Er bildet eine Mitte zwischen beiden Polen, er wendet sich von der Verselbstung der Entselbstung zu, wie sie im Wahrnehmen und Begriffebilden erfolgt. Durch die Verwandschaft der Milch mit den Nervensinnesprozessen wird verständlich, dass sie nicht nur Stoffwechselkräfte besitzt, sondern zugleich die Fähigkeit, «den schlafenden Menschengeist aufzuwecken,» wie es Rudolf Steiner für die Pädagogen darstellte. Sie ist in diesem Sinne das erste Erziehungsmittel des Menschen. [12)]

Die Milch begleitet die Menschheitsentwicklung. Von frühester Bildung an, als ernährende Ur-Atmosphäre, ist sie zugleich Ernährung - Atmung - Wärmung. Später wandelt sie sich um, wird universelle Nahrung für den Menschen, - Urnahrung. Und schliesslich, wenn der Mensch zum Erdenwesen herangereift, fliesst sie ihm als Erstes entgegen. Sie ist nun ein «spezifisch Irdisches» geworden. Doch trägt sie noch immer ihren kosmischen Ursprungscharakter in sich. «Alles, was durch die Milchnahrung dem menschlichen Organismus zugeführt wird, das bereitet ihn dazu, ein menschliches Erdengeschöpf zu sein, bringt ihn zusammen mit den Verhältnissen der Erde. Es macht ihn zum Erdenbürger und hindert ihn nicht, ein Bürger des ganzen Sonnensystems zu sein ...»[13)] Diese Worte Rudolf Steiners fassen zusammen, worum wir uns in diesem Kapitel bemühten, ein Stück Menschheitsentwicklung zu erkennen im Spiegel der Ernährungsformen.

Die grossartige Bilderwelt der Edda enthüllt die Rätsel der Menschwerdung wie des Nahrungsquells, der sie speist.

Entwicklung der Milch- und Früchtenahrung

Vor der Milchbildung war der Mensch überhaupt keiner Ernährung bedürftig. Er kommunizierte noch mit seiner Umgebung, er ruhte im Schoss der Gottheit. Was da an Nahrung durch ihn hindurchströmte, war kosmischer Natur. Erst mit dem Herausgestalten einer eigenen Menschenform, eines inneren Eigenwesens, begannen die Lebensprozesse ihre Tätigkeit, von denen wir gesprochen haben, Atmung, Ernährung, Wärmung. Es begann die Notwendigkeit eines abgesonderten Stoffwechsels, und damit die Absonderung als solche. Die Nahrung musste verarbeitet werden im Innern. Die Organisation begann sich zu gliedern aus dem ursprünglich Einheitlichen. Wir haben die Milch als die Urnahrung erkannt, «die alte Götternahrung», wie Rudolf Steiner sie einmal nannte. «Als er (der Mensch) in dem Physischen sich noch dem Göttlichen näherte, da sog er die Milch aus der Umgebung heraus.»[14)] Daher ist die spätere Milchbildung, wie sie beim Mensch gemeinsam mit den Säugetieren sich ausgebildet hat, eine «uralte, umgewandelte Ernährungsform.» Diese Umwandlung erfolgte im Zusammenhang mit der Höherentwicklung des Menschen. Sie ist einerseits der Ausdruck der Geschlechtertrennung, der Polarisierung des Menschen, nicht nur in ein Oberes und Unteres, sondern auch ein Männliches und Weibliches. Und andererseits ist sie ein Ausdruck der Abspaltung der höheren Tiere aus dem Menschenreich. Die höheren Tiere, wie die Säuger, blieben in ihrer Entwicklung zurück, nahmen aber dabei die Fähigkeit der eigenen Milchbildung mit. Doch beliessen sie sie auf animalischer Stufe. Dennoch erhebt sich auch das Säugetier in der Milchbildung auf eine höhere Stufe, indem diese eine physiologische Entselbstung darstellt, d.h. eine Zurückdrängung der Tiernatur. Das spielt besonders bei den Haustieren eine gewichtige Rolle. Wir werden bei der Besprechung des Rindes darauf zurückkommen.

Manche Einzelheiten aus der Physiologie, auch aus der Anthropologie erhellen diese Zusammenhänge für unser Verständnis. So ist z. B. bedeutsam, dass hinter den primitiven Säugern, den Monotremen, deren Reste sich bezeichnenderweise in Australien, der alten Lemuris benachbart, finden, sich bis heute die Milchbildung bei beiden Geschlechtern erhalten hat. Wir dürfen dies als einen Überrest einer Milchbildefähigkeit betrachten, die bereits vor der Geschlechtertrennung vorhanden war.

Auch beim Menschen werden die Milchdrüsen bei beiden Geschlechtern in gleicher Weise angelegt und sogar entwickelt. Dies kann zur Absonderung der sog. Hexenmilch bei Neugeborenen führen, die im Wesentlichen die gleichen Bestandteile enthält wie die spätere Frauenmilch. Doch sind auch hier beide Geschlechter zu dieser Bildung fähig.

Und schliesslich ist von Interesse, was Alexander v. Humboldt von seinen Forschungsreisen in den südamerikanischen Urwald berichtet. Er traf dort einen jungen Indianer, dessen Frau im Wochenbett gestorben war. Verzweifelt hatte der Vater das schreiende Kind an seinen eigenen Busen gelegt. Durch den Reiz des Saugens angeregt, begann die Brust zu spenden und der Mann nährte den Säugling monatelang wie eine Mutter.[13)] Sicher wirft diese Beobachtung auch Licht auf die Stellung der Indianer in der ganzen Menschheitsfamilie und die Degeneration, von der diese Rasse ergriffen wurde. Sie zeigte mit solchen Phänomenen noch Zeichen ihrer Bewahrung früher Menschheitszustände, die sie aber nicht weiterentwickeln konnte.

Die Entwicklung, die zur Zweigeschlechtlichkeit, d. h. zur Spaltung der Produktionskraft, führte, gehört zu den tiefgreifendsten Ereignissen der Menschwerdung. Auch sie hat sich in vielen Mythen und religiösen Überlieferungen niedergeschlagen, so z. B. in den griechischen Sagen über die Amazonen, von denen Bachofen so eindrucksvoll berichtet hat. Ihnen wurden nach der Geburt, wie die Legende beschreibt, die Brüste ausgebrannt, um sie nicht an der Entwicklung männlicher Kräfte und Tugenden zu hindern.

In vielen alten Überlieferungen wird auch die Milch als «Mondnahrung» bezeichnet. Man nannte das erste Geschlecht, das sich von Milch nährte, die «Mondensöhne». Auch hier verbirgt sich eine tiefe Weisheit, die durch die moderne Geistesforschung erhellt wird. Der Mond, der heute die Erde umkreist, ist auch durch die heutige Foschung als ein alter Teil der Erde erkannt worden, der in einem frühen Entwicklungsstadium sich abgetrennt hat. Doch können wir ein solches gewaltiges Ereignis nur verstehen lernen, wenn wir in ihm den Ausdruck geistiger Kräfte erkennen, die sich bis in die physischen - und physiologischen - Prozesse hinein erstreckt hat. Die biblische Urkunde spricht von Jehova als der hohen Mondgottheit. Er wirft den Schein der Sonne, seinem Ursprung, zurück, reflektiert ihn. Die Milch als «Mondennahrung» ist ein Abbild jener alten Mondenkräfte, die den Menschen in die Zweigeschlechtlichkeit hineinführte, es sind die alten Fruchtbarkeitskräfte, die den Menschen noch im Zusammenleben mit der kosmischen Weisheit und Unschuld schöpferisch machte. Die Milch hat bis heute etwas von diesem Charakter bewahrt. Sie ist weiss, als Ausdruck der Unschuld, sie reflektiert das Licht wie der Mond. Das Blut hat sich rot gefärbt, als Ausdruck der Innerlichkeit und Stärke.

Was wir hier andeuten, wird uns später von weiteren Gesichtspunkten zu beschäftigen haben.

Vorerst wollen wir der Frage nachgehen, die sich bei der Entwicklung jedes Menschenwesens stellt: wie kam es zu dem Übergang von der Milchnahrung zur Pflanzennahrung? Schon dem Säugling geben wir bald ein paar Tropfen Fruchtsaft in den Schoppen, und fügen auch etwas Karottensaft bei.

Wenn wir uns klarmachen, was das bedeutet, so stellen wir die Frage nach der Blüten- und Fruchtnahrung. Die Anschauung der dreigliedrigen Pflanze lehrt uns, dass diese in der Blüten-Fruchtregion ihren Abschluss findet, ihre Steigerung, die sich in der Farbigkeit und neuartigen Formbildung kundtut. Blüten und Früchte bedürfen in besonderem Masse der kosmischen Kräfte von Licht und Wärme. Sie sprechen die menschlichen Seelenkräfte ganz anders an als die grünen Blätter. Mit ihnen geht die Pflanze der Reifung entgegen. Schönheit, Unschuld und Reinheit offenbaren sich in ihnen. Robert Hamerling hat solche Empfindungen künstlerisch zum Ausdruck gebracht in seinem Gedicht: «Vor einer Gentiane»:[15]

«Die schönste der Gentianen fand ich
Einsam, erblüht tief unten in kühler Waldschlucht ...
Du wiegst in himmlischer Lebensunschuld
Die wunderbaren Kronen ...
O Blume, heilig bist du,
Selig und rein ...

Solche Empfindungen haben den frühen Menschen sicher noch viel stärker durchzogen, als er Blüten und Früchte erblickte. Sie weckten in ihm Kräfte, deren er bedurfte, die ihn ernährten. Diese alten Menschen waren Sammler, sie pflückten die reifen Beeren, nährten sich von Blütenkronen und Früchten. Ihre Prozesse waren verwandt denen, die durch seine Seele zogen, die aber auch in seinen Organen tätig waren, der Leber, der Niere. Und so «trat an die Stelle der blossen Milchnahrung allmählich eine Art von Pflanzennahrung, und zwar die oberen Teile der Pflanze.»[14] Mit solchen Worten schildert Rudolf Steiner den Übergang von der Milch-Mondennahrung zu dem, was er eine Erinnerung an die alten Sonnenkräfte der Erde nennt. Sie leben in der Pflanze weiter, und gerade in ihren oberen Teilen. Hier liegt auch das Geheimnis der frühen Formen der Befruchtung, die ebenfalls noch eine Berührung, Verbindung mit kosmischen Kräften war, aber zugleich im menschlichen Stoffwechsel sich hinordnet zu den Kräften der Reproduktion.

Die Milch - so haben wir gesehen - begibt sich auf den Weg der Selbstlosigkeit, der Zurückdrängung der Blutkräfte. Die Pflanze erreicht in der Blüten- und Fruchtbildung die gleiche Stufe von der andern Seite. Daher konnte die geisteswissenschaftliche Forschung zu dem Ergebnis kommen, dass gerade die Blütenbildung der Pflanze «eine ungeheuer nahe Verwandschaft - nicht eine völlige Gleichheit - mit der Muttermilch» besitzt.[13]

In diesem Sinne stellt der Übergang von der Milch zur Blüten-Fruchtnahrung sowohl in der Menschheitsentwicklung wie in der individuellen

Entfaltung des Menschen einen echten Fortschritt dar. Der Mensch soll auf diesem Wege einen Schritt vorwärts machen zur Entwicklung seines Erdenbewusstseins. «Und so werden wir uns zu bemühen haben, dass wir das Kind nach und nach so gewöhnen an die äussere Ernährung, dass wir es anregen durch das Fruchtende, durch das Blühende unterstützen sein Stoffwechselsystem ...»[13)]

In diesem Zusammenhang ist auch bedeutsam, welche Entwicklung die Blüten- und Fruchtnahrung in die späteren grossen Kulturen hinein genommen hat. Wir erwähnen die Artischoke, die schon in frühen Zeiten kultiviert wurde und als Vertreterin einer besondern Art von Blütennahrung gerade heute wieder als Diätspeise für Leber und Nieren geschätzt wird.

Vor allem aber denken wir an die Züchtung der Obstnahrung. Die Fülle der Früchte, die im ganzen Orient kultiviert wurden, von den Rosengewächsen angefangen, hinüber zu den Datteln und Feigen, bis zur der Ölfrucht des Olivenbaumes, bilden ein uraltes Kulturgut. Und dass bis in das klassische Griechenland hinein Anschauungen lebten von der Bedeutung solcher Früchte für die Seelenart der Menschen, geht z. B. aus der Schilderung hervor, wonach die Feige als eine Frucht gepriesen wurde, die die ursprünglich rohen Menschen zu einem milderen, sanfteren Leben geführt habe. Deshalb wurde ihre Einführung in die menschliche Ernährung auch auf Demeter zurückgeführt (nach Bommer) [16)]. Wenn auch wohl erst in späterer Zeit als im Beginn der Blüten- und Früchtenahrung solche Züchtungen vorgenommen wurden, so beruhen die Fähigkeiten dazu doch auf geistigen Einsichten, die einer viel früheren Bewusstseinsstufe der Menschheit angehören, in der das Hineinschauen in die geistige Welt noch ein instinktives Vermögen zahlreicher Menschen war. Dahin gehört sicher auch die weisheitsvolle Methode, durch die es den Menschen möglich war, die Feigenfrüchte so zu behandeln, dass sie aus wilden Feigen zu den süssen Fruchtbäumen kultiviert werden konnten. Rudolf Steiner hat diese Methode einmal in einem seiner Ärztekurse [17)] als einen Prozess beschrieben, durch den man, mittels einer Wespenart, eine wesentliche Steigerung der Süssigkeit der Feigenfrüchte hervorrufen konnte. Er nannte dies «einen honigerzeugenden Prozess», weil «innerhalb der Natur selbst, innerhalb der fortlaufenden Feigensubstanz, dasselbe vor sich geht, was auseinandergezogen vor sich geht, wenn die Wespe oder meinetwegen die Biene den Honigsaft aus den Blumen nimmt, in den Stock einträgt und den Honig erzeugt.»

Dieser Hinweis ist in doppelter Sicht bedeutsam. Einerseits wertet ihn Rudolf Steiner selbst als methodisch wichtig, «die feineren Prozesse in der

Natur zu beobachten», um durch eine solche Methode auch «zu einer wirklichen Menschenerkenntnis zu kommen.» Zugleich aber wirft dieses Beispiel auch Licht auf den honigbildenden Prozess selbst, und seine Bedeutung für die Bewusstseinsentwicklung der Menschheit. Nicht umsonst hat man in alten Zeiten von dem «Land, wo Milch und Honig fliesst» gesprochen, wenn man eine urferne paradiesische Vergangenheit, und zugleich eine Urform der Ernährung meinte.

Hier ist auch die Weintraube zu nennen, die als Früchtenahrung einen grossen Einfluss auf das menschliche Bewusstsein gehabt hat. Wir werden auf diese Zusammenhänge an anderer Stelle zurückkommen.

Abel und Kain: Der Übergang zur Fleischnahrung und Getreidezüchtung

Um unsere Betrachtungen weiterführen zu können, müssen wir Folgendes ins Auge fassen. Die Blüten- und Fruchtnahrung, von der wir gesprochen haben, war nur der erste Schritt auf dem Wege, den die Menschheit geführt wurde zur Entwicklung ihres Bewusstseins. Mit der Pflanzennahrung als solcher war schon die Möglichkeit gegeben, das menschliche Bewusstsein der Erdenwelt zuzuwenden. Aber erst durch die Einführung der Wurzelnahrung konnte in dieser Richtung ein entscheidender Schritt getan werden. Denn die Pflanzenwurzel gewinnt unmittelbar Beziehung zur Erde, zum Festem, zum Mineralischen. Und der Mensch, der die Wurzelregion zu seiner Nahrung machte, musste durch sie auch zu einem neuen Bewusstsein kommen, das ihn selbst zu einem Erdenwesen machte. Dies gilt aber in erster Linie für sein denkendes Bewusstsein, das damit abgetrennt wurde von dem Miterleben des Kosmos und reifen konnte für das Wahrnehmen der Sinneswelt, für die denkende Verarbeitung seiner Beobachtungen. Die Pflanzenwurzel lässt den Menschen Beziehungen zur physischen Welt eingehen. Sie wirkt, verglichen mit der Blüten-Frucht-Region, «zunächst am Ungeistigsten».

Mit dem Übergang zur Wurzelnahrung eroberte sich der Mensch ein solches Bewusstsein, das ihn zur Erkenntnis der Erdenwelt hinführte. Zugleich aber bedeutete dies ein Hinwenden zu dem Mineralisierenden, dem Toten sich Nähernden. Und damit auch einer Erkenntnisart, die sich

Grabower Altar, Das Opfer Kains und Abels

der anorganischen Natur öffnete, dem Denken des Toten, wie dem toten Denken in seinem allerersten Beginn. Die Wurzelnahrung brachte dem frühen Menschen aber noch zwei weitere Entwicklungsrichtungen: während der Beeren- und Früchtesammler noch nomadisierend umherschweifen konnte, wurde der Wurzelesser zum Ackerbauer. Er wurde sesshaft, verwurzelte sich selbst mit dem Boden, den er bebauen lernte. Damit wurde aber seine ganze Organisation geistig-seelisch-leiblich umgewandelt. Denn er brauchte nun Organe, um die Wurzelnahrung bewältigen zu können in seiner Verdauung. Dabei spielte die Zubereitung der Nahrung eine immer grössere Rolle. Während die Blüten- und Früchtenahrung noch von selbst gleichsam sonnengekocht ist, musste die unterirdische Wurzel durch künstliche Wärmebehandlung aufgeschlossen, verdaulich und verwertbar gemacht werden. Zu der rohen Kost trat die gekochte, und damit auch die Kunst des Röstens, Bratens, Backens usw.

Wiederum spiegelt sich diese Entwicklung der Ernährungsformen in gewaltigen mythologischen Bildern. Noch bis ins Mittelalter hinein finden wir Darstellungen solcher Art, die Kain als Ackerbauer, Abel als Hirten abbilden.

Wir gelangen so zu einem höchst bedeutsamen Thema der Geistesgeschichte der Menschheit, und dürfen die Bekanntschaft damit aus der biblischen Urkunde voraussetzen. Freilich wollen wir nicht dem Irrtum verfallen, in dieser Bildersprache triviale Erzählungen zu erblicken, wie sie sich dem gegenwärtigen intellektuellen Bewusstsein darstellen. Vielmehr führen uns diese Bilder in gewaltige Entwicklungsstufen der Menschheit und entstammen selbst einer geistigen Anschauung, die sich im Sinne unserer einleitenden Betrachtung in eine Bildersprache einkleidete.

Da spricht das 1. Buch Moses (Kap. 4) deutlich aus: Kain war ein Bebauer des Bodens und Abel ein Hirte. Kain wird der Ackerbauer, d. h. der Erdenmensch, der das Bewusstsein der physischen Welt zuwendet. Er trägt einen Namen, den man übersetzen könnte mit «der Männliche». Bis in die Laute hinein drückt dieser Name die Beziehung zum Irdischen aus.

Abel hingegen heisst «Pneuma», womit im Griechischen sowohl das Luftelement, wie das Geistige gemeint waren. Auch sein Name weist schon darauf hin, dass er noch mehr dem alten, schauenden Bewusstsein verbunden bleibt. Er setzt die Mondenweisheit Jehovas fort, bringt darum auch ein wohlgefälliges Opfer dar. Er verharrt bei der Milchnahrung, d. h. es fliesst ihm weiterhin die nährende Naturkraft zu. Daher wird er auch als Hirte dargestellt, der eine Hüterfunktion ausübt, aber nicht, wie sein Bruder Kain, aktiv in das Leben der Erde eingreift. Er vollzieht den alten

Weisheitsspruch: «Wenn ihr nicht werdet wie die Kinder, könnt ihr nicht ins Himmelreich kommen.» Abel ist dem Empfangenden, dem Weiblichen, verwandt.

In diesen gewaltigen Bildern, deren Umrisse wir hier nur andeuten können, lebt die Anschauung der Menschheitsentwicklung, wie sie sich in der letzten atlantischen Zeit bis hinüber in die Zeiten nach der Sintflut vollzogen hat. Aus dem Geschlecht des Abel gingen die Tierzüchter hervor, eine Menschheit, die begann, sich von tierischen Produkten zu ernähren. Diese Völkerstämme wurden zu den Jägervölkern. Auch sie mussten sich mit dem Tode auseinandersetzen. Sie töteten die Tiere und lernten, Totes als Speise zuzubereiten. Sie gingen dadurch von der Milch zur Blutnahrung über. Es gab noch bis ins 20. Jahrhundert hinein in Zentralafrika einen Negerstamm, die Massai, die riesige Rinderherden hielten und nomadisierten. Sie mischten täglich frische Milch und Blut von den gleichen Tieren zusammen und nährten sich davon. Doch ging von dieser Abelströmung ebenso die Fertigkeit des Bratens, Kochens etc. aus, als die Zeit gekommen war, dass die Menschheit lernen musste, sich mit dem Toten auseinanderzusetzen, das Getötete aus Tier- und Pflanzenreich zu überwinden in seinem Stoffwechsel. Denn damit wurde ein wichtiger Schritt getan in Richtung des Bewusstseinswandels der Menschheit, dem Ergreifen des Irdischen entgegen.

Kain und sein Geschlecht vollzog, wie wir schon andeuteten, den Schritt zur Wurzelnahrung, zum Pflanzenzüchter, zum Ackerbauer. Wir finden Kain abgebildet mit Getreideähren. Diese wurden nun einem neuen Reifezustand entgegengeführt, um als menschliche Nahrung zu dienen, von der Milchreife zur Totreife. Früher blieben alle Pflanzen noch «milchreif», d. h. durchzogen von starker Lebenskraft, die den Menschen nährte, aber zugleich auch im träumerischen Bewusstsein erhielt. Jetzt begann die «Totreifung» der Pflanzen, sie gingen in eine stärkere Mineralisierung über, verhärteten, vertrockneten stärker in der Reifung durch die Sonnenkräfte und brachten dadurch den Menschen, der sie verzehrte, tiefer herunter auf den physischen Plan. Zugleich damit verblasste das alte Geistesschauen. Albert Steffen hat diesen Menschheitsaugenblick in seinem Drama «Das Todeserlebnis des Manes»[18] mit herrlichen Versen festgehalten, die er dem Noah in den Mund legt, der die atlantische Menschheit durch die grosse Flut in neue Länder führt:

> «Ja, ehmals vor der Flut, gab es Getreide,
> mit markig-dicken, milchdurchdrungnen Ähren,
> nach den Gestirnen duftend, sieben Sorten

und wer sie ass, der wurde niemals krank.
Dann schrumpften sie, und wurden hart und dürr,
weil wir den Himmel, den wir assen, ach!
vergassen ...»

Hier wird mit künstlerischer Vollendung in wenigen Zeilen ein höchst bedeutsames Geschehen in der Entwicklung der Ernährungsformen ausgesprochen. Die Menschheit, die den Himmel, die geistige Anschauung verlor, lernte mit der totdurchdrungenen Nahrung zu leben, musste aber dadurch selbst Krankheit und Tod erleiden. Zugleich lernte der Mensch die Feuerkraft handhaben, indem er die Gabe der Nahrungszubereitung entwickeln konnte, und dies sowohl bei der pflanzlichen wie tierischen Nahrung.

Wenn wir in ein Schema zusammenfassen wollen, was sich uns bisher ergeben hat, könnte dies so aussehen:

Urmenschheit	Urmilchnahrung
Milchnahrung	Pflanzennahrung
Hirtenvölker Jäger-Tierzüchter	Ackerbauer Obst- + Getreidezüchter
Fleischnahrung	Wurzelnahrung

Wir haben auf diese Weise den Weg verfolgt, den die Menschheit in ihrer Bewusstseinsentwicklung unter Mithilfe ihrer sich wandelnden Ernährungsformen genommen hat. Die Pflanzennahrung, die von dem Kainsgeschlecht errungen wurde, führte die am höchsten stehenden Individualitäten in unmittelbare Inspirationen zu der bedeutsamsten Ernährungsschöpfung zu gelangen, der Züchtung der sieben Getreidesorten aus den verschiedenen Wildgräserformen. Im Gegensatz zu Abel gelangt Kain, der zugleich mit den Feuerkräften, den Geheimnissen der Metalle, begabt wird, das als Opfer darzubringen, «was er selbst erarbeitet hat, was er an Früchten des Feldes gewonnen hat, indem er den Erdengrund beackert».[19) An diesem Wendepunkt beginnt der Mensch nicht nur die Arbeit als solche als neues Lebenselement zu entdecken und zu entwickeln, - der Bauer wird dadurch gleichsam zum ersten Arbeiter der Menschheit -, gleichzeitg kann er ein ganz neues Ernährungselement in den Mittelpunkt stellen, das die frühere Milchnahrung, die noch flüssig war, erweitert und ablöst durch eine feste Nahrung. Hatte schon die Wurzel in das Bereich des Festen, Mineralisierenden geführt, so tritt mit dem Getreide ein weiteres neues Ernährungselement auf, die Samennahrung. Damit ist auch die Frage gestellt nach dem Wesen der Samenbildung und der Bedeutung der Samenernährung für den Menschen.

In der Samenbildung erfährt die Pflanze eine letzte, intensivste Zusammenziehung, eine Konzentration ihrer ganzen vergangenen Bildung und zugleich den Ausgangspunkt für ein Zukünftiges. Sie isoliert sich von sich selbst wie von der Umgebung und macht sich zugleich bereit, sich dem Umkreis zu öffnen. Besonders intensiv sehen wir beim Getreidesamen die isolierenden Hüllen sich verdichten, verhärten, mineralisieren, sich anreichern mit den zur Verholzung neigenden Zelluloseelementen, die in sich einlagern eine Fülle metallischer und mineralischer Substanzen. Besonders auffällig ist das sich ausbildende Kieselgerüst dieser Hüllen, das wasserundurchlässig aber durchlässig für Licht und Wärme ist. Es ist hier nicht der Ort, im einzelnen von diesen Mineralien zu sprechen, aber jedenfalls können wir aussagen, dass sie den Samenhüllen einen strahlenden Charakter verleihen.

Im Innern des Samens konzentriert sich der Ausgangspunkt für neues Leben, dessen Träger das artspezifische Eiweiss ist. Dieses hat zuerst den Milchcharakter, bevor es sich zu immer stärkerer Konzentration verdichtet. Umhüllt wird es von dem schützenden und wärmenden Keimöl und in der weiteren Umgebung breitet sich der Mehlkörper aus, die für das Getreide spezifische Stärkebildung, die für die menschliche Ernährung so wesentlich ist.

Während die Samenhüllen so einerseits den Keim vom irdischen Leben absondern, schliessen sie andererseits ihn für das Kosmische Leben auf. Tod und Geburt schliessen sich zusammen. Ende und Neubeginn, vergleichbar der Tätigkeit des Herzens in der Systole und Diastole.

Im Samen konzentriert sich noch einmal die ganze Pflanze, und die Samenschalen erhalten gerade beim Getreide einen Wurzelcharakter, während im Keimling das Blütenelement sich verbirgt.

Wir können auf solche Weise erkennen, wie in der Samenbildung und -Tätigkeit auf der einen Seite das Irdisch-Feste tätig ist mit dem chemisierenden Flüssigkeitselemente, auf der anderen ein Luft-Licht-Wärmewirken stattfindet. Goethe hat schon deutlich geahnt, dass in diesem Wechselwirken die eigentlich befruchtenden Kräfte im Pflanzenleben zu suchen sind. Er sprach von der «Erde stille befruchtendem Schoss», der das mütterliche Element darstellt, während das vom Kosmos einströmende Luft-Licht-Wärmeelement die väterlichen Kräfte heranbringt. Der geistigen Erkenntnis stellt sich dieses Wechselwirken konkret dar: «Die Erde ist die Mutter der Pflanzenwelt, der Himmel ist der Vater der Pflanzenwelt.»[20] Irdisch-kosmische Synthese vollzieht sich in der Samenbildung, oben und unten, innen und aussen durchdringen und harmonisieren sich. Wir könnten auch sagen: die Abel- und Kainkräfte begegnen sich im Naturgeschehen. Die irdischen, empfangenden, der Schwere geneigten Wurzelkräfte werden überwunden, wie das menschliche Haupt sich ihnen entringt. Befruchtet durch die kosmischen Licht- und Wärmekräfte, werden diese erneut von der Samenkraft heruntergetragen in den Mutterschoss der Erde, so wie in den Stoffwechsel- und Gliedmassenkräften das kosmische Licht-Wärmeweben die irdische Schwere überwindet.

Was wir hier nur andeutungsweise aussprechen, berührt nicht nur das Pflanzengeheimnis, sondern ebenso das Geheimnis des menschlichen Lebens. Wir werden dazu geführt, das menschliche Herz als Synthese zwischen oben und unten, Kopf und Gliedmassen zu erkennen, aber ebenso als harmonisierenden Prozess zwischen den inneren und äusseren Kräftewirken. In diesem Sinne können wir das Herz als den Samenkräften zugeordnet anschauen, wie die moderne Geisterkenntnis es dargestellt hat. Besonders in der Samenbildung des Getreides werden wir ein solches Element erblicken, das diese Polaritäten in vielfältiger Art als Weizen, Roggen, Hafer, Gerste etc. harmonisiert, und darum diese Pflanzen in besonderem Masse in den Mittelpunkt der Ernährung stellt. Der Getreidesamen synthetisiert die Wurzel- mit den Blütenkräften und trägt die rhythmisierende Kraft der Blattregion hinauf in die Region der Samenbildung. Getreidefrüchte «machen Herz und Lunge stark», erkannte Rudolf Steiner.[22] Sie sprechen dadurch aber ebenso die menschliche Nerven-Sinnesregion an, wie sie das Stoffwechselgeschehen befeuern, - je nach der Metamorphose, die sie in ihren einzelnen Ausgestaltungen erreichen.

Wir können von hier aus ermessen, welche Bedeutung dem Erreichnis der Ackerbaukultur zukommt, die durch die Kainströmung der Menschheit errungen wurde, die damit eine ganz neue Phase der Bewusstseinsentwicklung der Menschheit durch die Einführung des Getreidebaus einleitete.

Wenn wir den natürlichen Vorgang der Samenbildung ins Auge fassen, der als Abschluss und Neubeginn der Pflanze sich darstellt, so finden wir im Samen die ganze Pflanzengestalt in einem Ruhezustand konzentriert. Von der Wurzelbildung hat sie die Salzkräfte der Erde aufgenommen, im Blattprozess, den man früher als den mercurialen bezeichnete, erreichte sie den sich ständig wandelnden Wachstumsprozess. Dieser trägt bereits bei Goethe die Fortpflanzungskraft in sich, was sich in der Augenbildung, aus der sich die Potenz zur neuen Pflanzenbildung entwickelt, zeigt. Wenn sie aber bis zum Blüten- und Fruchtprozess aufsteigt, lässt sie die Licht-Wärmesphäre des Kosmos als Sulphur auf sich einwirken. In der Samenbildung zieht sich diese Dreiheit zur höchsten Konzentration zusammen und betätigt dort eine Art von Verbrennungsprozess, der als geistige Aschenbildung erscheint. Er lässt den Samen zur Erde fallen und sich mit ihren Kräften vereinen, wenn die neue Keimung beginnen soll. Das ist die Hauptbestimmung des Samens, der Reproduktion zu dienen. Nicht minder bedeutsam ist aber die andere der Ernährung. Wenn wir die Getreidesamen zur Nahrung verwenden, entziehen wir sie ihrer Bestimmung für die Reproduktion. Das tut aber die Natur auch, indem sie jeweils nur einen mehr oder weniger grossen oder geringen Anteil der Samenproduktion seiner Keimungsbestimmung zuführt. In diesem Sinne - so könnte man sagen - ahmt der Mensch in dem Essensvorgang einen Naturvorgang nach, ja er übergibt sogar das Naturprodukt einer höheren Bestimmung. In dieser Hinsicht ist es bedeutsam, wie Rudolf Steiner den Samenbildeprozess anschaute. Er sagte darüber: «Was ist eigentlich der Samenprozess? Indem die Pflanzen in den Samen schiessen, findet draussen in der Natur etwas statt, was wir, ich möchte sagen, in einer menschlich stümperhaften Weise, aber immerhin doch fortsetzen, wenn wir uns die Pflanzen zu unseren Nahrungsmitteln machen. Wir kochen die Pflanzen. Nun, dieses Hinaufgehen in die Blüte, dieses Erzeugen des Samens, ist eine Naturkochung, ist ein Entgegengehen dem Schwefelprozess.»[22)]

Was die Menschheit errungen hat durch die Pflanzenzüchtungen, die den Samen zur besonderen Entfaltung bringen, wie bei den Getreiden, ist also zugleich die Inauguration eines der wichtigsten Prozesse der menschlichen Ernährung, die Zubereitung, dieses Kochen, Braten, Backen, Rösten etc. Wir erwähnten schon, dass dieser Prozess auch einem Abtöten, Mineralisieren entspricht, dem Umgang mit Kräften, die durch Zurückdrängen der Lebenskräfte ein Freiwerden und Entfalten seelisch-geistiger Kräfte ermöglicht.

Um diesem ganz neuen Element in der Entwicklung der Ernährungsformen gewachsen zu sein, musste der Mensch auch entprechende physiologische Gestaltungskräfte erwecken, die ihrerseits im Wechselwirken mit seelisch-geistigen Fähigkeiten stehen. Anatomisch-physiologisch fällt hier der Blick auf die Ausbildung einer Organpolarität, die der Bezwingung des Festen der Ernährung dient, der Zahnbildung, im oberen Menschen, und ihr entgegengesetzt in der unteren Organisation die Entfaltung von Hohlorganen, der Magen-Darmbildung. Ihnen wollen wir, soweit es unser Thema erlaubt, im Folgenden unsere Aufmerksamkeit zuwenden.

Prometheus

Die Prometheus-Sage stellt eine der grossartigsten und bedeutendsten Schöpfungen der griechischen Mythologie dar. In ihr spiegelt sich nicht nur ein wesentlicher Ausschnitt der menschlichen und irdischen Evolution, auch für die Einsicht in das Wort und die Entwicklung der Kultur und nicht zuletzt für das Verständnis der menschlichen Ernährung eröffnet dieser Sagenkreis umfassende und neue Perspektiven. In diesem Sinne möchte die folgende Darstellung einen Beitrag zu der genannten Thematik beisteuern.

Dabei ist für unser Vorgehen wesentlich, dass wir *Rudolf Steiner* einen Hinweis verdanken auf eine dreifache Möglichkeit, eine solche mythologische Schilderung unserem Gegenwartsbewusstsein zugänglich zu machen. Eine erste solche Ausdeutung besteht in einer äusserlich - wörtlichen Erzählung der Geschehnisse, wie sie durch lange Zeiten gepflegt wurde. Dann aber bemühte sich das menschliche Bewusstsein um ein tieferes Verständnis der Begebnisse und legte ihnen einen mythologischen Wert bei. Man fasste sie als Allegorien auf. Und eine dritte Methode kehrt zwar zu einer wörtlichen Interpretation zurück, versucht aber dabei, die Bildsprache geistig zu verstehen, in der die mythologischen Inhalte überliefert sind. Diese Methode hat zum Ziel, die occulte Bedeutung der Mythen und Sagen hervortreten zu lassen. Sie wird sich am meisten ihrer geistigen Realität annähern. Wir können sie die geisteswissenschaftliche Methode nennen, mittels derer wir versuchen wollen, im genannten Sinne einen Beitrag zu unserer Thematik vorzulegen. Dafür kann uns die mehrfache Darstellung, die *Rudolf Steiner* diesem Sagenkreis hat zuteil werden lassen, wegleitend sein.[1]

Selbst bei einem zunächst äusserlich - wörtlichen Entgegennehmen dieser Schilderungen werden wir ihren umfassenden Charakter bemerken.

Da tritt uns Prometheus als Sohn eines Titanen, des Japetus, entgegen, als Schöpfer der ersten Menschen «aus dem nassen Tone der neugeschaffenen Erde». Dieses alte Göttergeschlecht, das Zeus entthront hatte, führt somit zurück auf Uranos, den Himmel und Gaia, die Erde, mit der er sich vermählt. Kronos jedoch, die Zeit, der jüngste der Titanen, entthronte Uranos und bemächtigte sich selbst der Herrschaft. Dafür war er aber von seinem Sohn Zeus gestürzt und mit allen anderen Titanen in den Tartaros, den Abgrund verstossen worden. Diese sagten ihm daraufhin den Kampf an. Prometheus jedoch verteidigte Zeus, zusammen mit seinem Bruder Epimetheus und kämpfte gegen die anderen Titanen.

Man kann schon hier erkennen, dass Prometheus sich zum Träger einer fortschrittlichen Strömung innerhalb der Menschheitsevolution macht, die diese einer neuen Bewusstseinsstufe entgegenführen will. Der Mythos erzählt an dieser Stelle, wie der Titanensohn die Menschen die Buchstabenschrift lehrt, und die Zählkunst, Arithmetik, aber auch die Kunst von Ackerbau und Viehzucht, und vor allen Dingen Bergbau: «Ferner führte er ihren Blick unter die Erde und liess sie hier das Erz, das Eisen, Silber und Gold entdecken»[2]. Man kann wohl sagen: Prometheus wird geradezu als Inaugurator und Begründer der eigentlichen Erdenkultur dargestellt. Er stellte selbst den Repräsentanten eines Menschengeschlechtes dar, das aus göttlichen Höhen herabgestiegen war zur Erdentiefe, vom kosmischen zum irdischen Bewusstsein vordringend, – als wahrer Prometheus, der «Vordenker»: «insofern der Mensch nicht das, was schon da ist, auf sich wirken lässt, sondern Zukunft schafft, Erfinder und Entdecker ist, ist er ein Prometheus»[1]. Mit ihm entfaltet sich eine Weisheit, die sich der Beherrschung der Erde zuwendet, die ein Denken entwickelt, das als Vorstufe irdischer Intelligenz sich der Sinneswelt, aber auch der Schöpfung von Begriffsqualitäten zuwendet, die an der Sinneswahrnehmung sich orientieren lernen.

Mit überraschender Präzision wird diese Entwicklung der Erdenintelligenz, die sich mit Klugheit und List paart, von dem Mythos geschildert: Prometheus ersucht Zeus um die Erlaubnis, künftig von den Opfertieren nur einen Teil ihm zu Ehren zu opfern, den grösseren wertvolleren Teil aber den Menschen zum eigenen Verzehr zu überlassen. Dabei überlistet er Zeus, der den Betrug erkennend sich voller Zorn gegen ihn wendet, um diesen Betrug zu rächen. So versagte er den Menschen «die letzte Gabe, dessen sie zur vollendeten Gesittung bedürfen, das Feuer.»

Einzelheiten dieser Sage erzählen an dieser Stelle, wie den Menschen das Feuer nicht nur zur Schmelzung der Metalle unentbehrlich war, sondern Zeus es ihnen auch vorenthielt, «damit sie ihr Fleisch nicht kochen könnten».

An dieser Stelle wird der Bezug unserer Betrachtung zu der Entwicklung der Ernährungsformen evident. Wir haben diesen Bezug auch in anderen Darstellungen dieser Schrift zu verdeutlichen versucht. Hier drängt es sich auf, ihn nach weiteren Richtungen hin zu ergänzen.

Was war es, was in Wirklichkeit der Menschheit mit der Kraft des Feuers verliehen wurde? Was da zunächst als Element des Feuers, der Wärme, als Flamme uns entgegentritt, schildert der Mythos folgendermassen: Prometheus «nahm den langen Stengel des markigen Riesenfenchels, näherte sich mit ihm dem vorüberfahrenden Sonnenwagen und setzte so den Stengel in glostenden Brand. Mit diesem Feuerzunder kam er wieder auf die Erde, und bald loderte der erste Holzstoss gen Himmel».

Dieses grossartige Bild führt zurück zu einem Zeitpunkt der Menschheitsentwicklung, in dem noch ein altes, naturhaft-instinktives Hellsehen den Menschen mit der geistigen Welt verband. Es war nach der Vergangenheit gerichtet. Sein Repräsentant tritt im Mythos in der Gestalt des Epimetheus auf. Dieses Schauen lebte noch mit den Kräften zusammen, die in der Natur und im Menschen als «Lebenskraft» in Erscheinung trat. Es war ein instinktiv lebendiges Denken, das den Menschen befähigte, die Lebenskraft selbst zu handhaben, zu verwerten bis in sein tägliches Leben hinein. *Rudolf Steiner* schildert diese Fähigkeiten, die bis in die alten atlantischen Kulturen hineinreichte und den Menschen mit magischen Kräften vielerlei Art begabte. So konnte z. B. das Pflanzenwachstum durch magische Kräfte vom Menschen gehandhabt werden, eine Pflanzenart in eine andere verwandelt oder bestimmte Arten mit neuen Qualitäten begabt werden. Die Züchtung vieler Nahrungspflanzen, z. B. unserer Getreidearten, fällt in die Zeit dieses Beherrschens der Lebenskraft. Dabei waren die Pflanzen selbst noch in ihrer Lebensorganisation stärker, beweglicher, regsamer als in späteren Zeiten.

Aber auch in anderer Hinsicht war diese Beherrschung der Lebenskraft wirksam. Darüber hat *Rudolf Steiner* in seiner Darstellung über die «atlantischen Vorfahren» berichtet.[3] Diese Lebenskraft findet sich in besonders konzentrierter Form im Samen der Pflanzen. Denn hier verdichtet sich gleichsam das vergangene Leben und entfaltet sich das neue. So waren die Pflanzensamen eine Quelle von Lebenskraft, die von den alten atlantischen Menschen in Fortbewegungskraft verwandelt werden konnte. «Der Geist des atlantischen Menschen bezwang noch die lebendige Natur, die Samenkraft».

Mit solchen Kräften konnten die Menschen jener Zeiten ihre Nahrungspflanzen gleichsam zubereiten für die Ernährung. Und darum brauchten sie noch nicht die Wärmekraft, um damit ihre Nahrung zu behandeln. Doch war diese Handhabung an das alte instinktive Bewusstsein gebunden. Indem dieses hinschwand, versiegte auch jene Kraftquelle im Menschen. Dieser Augenblick wird im Prometheus-Mythos dargestellt. Das neue prometheische Bewusstsein erforderte und weckte zugleich eine neue Kraft, – es ist die Feuerkraft des menschlichen Ich-Bewusstseins, der göttliche Feuerfunke, der nun beginnt, auf der Erde selbst im menschlichen Inneren zu erglühen. Dies bedeutet aber zugleich den Übergang von der alten «rohen», noch ganz von kosmischen Werdekräften durchzogenen Nahrung zu der nach der Verinnerlichung hinzielenden wärmebehandelten Nahrung, - sowohl pflanzlicher wie tierischer Art. Die Vergangenheitskräfte wollten den Zustand bewahren, der noch eine Ernährung unmittelbar aus der Natur erlaubte. Das Ich-Feuer dem Menschen zu verleihen, die Lebenswärmekraft in physische Feuerkraft zu verdichten, war das neue Ziel. Die prometheische Kraft verleiht der in die Zukunft hineinschreitenden Menschheit diese Gabe. Die wärmebehandelte Nahrung regt die menschliche Ich-Kraft im Innern an.

Der Prometheusmythos schildert diesen alten Bewusstseinszustand der Menschen mit prägnanten Worten: «Sehend sahen sie umsonst, hörten hörend nicht; wie Traumgestalten liefen sie umher und wussten sich der Schöpfung nicht zu bedienen». Aber auch in anderer Hinsicht trat eine tiefgreifende Veränderung mit dem Menschen ein, die der Mythos beschreibt: «Bisher lebten die Geschlechter der Menschen . . . frei vom Übel, ohne beschwerliche Arbeit, ohne quälende Krankheit». Der nun beginnende Fortschritt brachte auch hier eine schwerwiegende Wandlung.

Damit beginnt der zweite Akt dieses grossen Menschheitdramas, den der Mythos darstellt.

* * *

In einem grossartigen Bild tut uns der Mythos kund, was mit der Menschheit nun geschah, als ihr der Götterfunke des erwachenden Ich-Bewusstseins durch Prometheus zuteil wurde. Es ist die Schöpfung der *Pandora*. Von den Göttern selbst erschaffen, trat dieses «Scheinbild einer schönen Jungfrau», die Allbegabte, hervor. «Also hatte Zeus unter der Gestalt eines Guten, ein blendendes Übel geschaffen», das sie nun unter der Menschheit verbreitete. Epimetheus, noch vom alten Traumbewusstsein umfangen, nahm die schöne Jungfrau mit Freuden auf, und «empfand das Übel erst, als er es hatte». Denn aus ihrer «Büchse», dem Zaubergefäss in ihrem Innern, «entflog eine Schar von Übeln und verbreitete sich mit Blitzesschnelle über die Erde». Elend und Krankheit verbreitete sich unter den Menschen, «heimlich und schweigend», und «der Tod, früher nur langsam die Sterblichen beschleichend, beflügelte seinen Schritt».

In solcher Bildersprache wird mit grösster Exaktheit dargestellt, was sich an diesem Wendepunkt der Menschheitsevolution ereignete. Die Geistesforschung hat ihn in der Sprache der Bewusstseinsseele geschildert: «Der Mensch würde verloren haben das alte Hellseherbewusstsein; die Herrlichkeit der Welt hätte er angeschaut wie eine Art Gott, denn er wäre ein Gott geworden . . . Aber der Mensch wäre eben nur wie ein grosser Spiegel des Universums in seiner Vollkommenheit gewesen». Wohl hätte er das äussere Gegenstandsbewusstsein mit Hilfe des ihnen verliehenen Ich-Funkens entwickelt, aber was ihm verschlossen geblieben wäre, das Sich-Selbst-Erleben, das Eigengefühl, wurde ihm nur auf andere Weise zuteil. Es ist die Entwicklung, die der Mythos als die Gaben der Pandora, dieses luziferisch gefärbten Geistes, schildert. Das Entfalten der Eigenart verlieh dem Menschen gleichzeitig den Enthusiasmus, das Freiheitsgefühl, den Selbständigkeitsdrang, und damit auch die Möglichkeit des Bösen, der Krankheit und des Todes, des Abirrens von der göttlichen Weltordnung. Doch war ihm von Prometheus als dem Überbringer der Ich-Feuerkraft auch die Fähigkeit eingepflanzt, nun aus eigener Einsicht und freier Urteilskraft sich zu entschliessen, dem Geiste der göttlichen Weltenlenkung zu folgen.

Der Mythos deutet an, wie Prometheus den Menschen «die Mischung milder Heilmittel zeigt, allerlei Krankheiten damit zu vertreiben».

Was aber ist nun das Schicksal des prometheischen Menschen? Die Schilderung des Mythos hat uns schon erahnen lassen, dass Prometheus in Wirklichkeit das Bild eines grossen Mysteriendramas ist, dass er der Ureingeweihte der nachatlantischen Menschheit ist, der nicht nur als der grosse «Vordenker» erscheint, sondern in dessen Willen die Ichkraft der freien Tat aufleuchten wird. Dazu aber muss er bereit sein, das grösste Leid, den grössten Schmerz auf sich zu nehmen. Davon berichtet uns der letzte, entscheidende Teil des Mythos, der wohl seit eh und je die Menschen am stärksten beeindruckt hat. Und gerade die wörtliche Darstellung dieses Menschheitsaktes vermittelt die tiefsten seelischen Eindrücke. Zeus, als Repräsentant der göttlichen Weltordnung, lässt Prometheus «in die skythischen Einöden schleppen und hier, über einem schauderhaften Abgrund, an eine Felswand des Berges Kaukasus mit unauflöslichen Ketten schmieden . . . So musste nun Prometheus an der grundlosen Klippe hängen, aufrecht, schlaflos, niemals imstande das müde Knie zu beugen . . . Obwohl laut aufseufzend, blieb er doch ungebeugten Sinnes. 'Was das Schicksal beschlossen hat', sprach er, 'muss derjenige fragen, der die unbezwingliche Gewalt der Notwendigkeit einsehen gelernt hat'».

Kaum könnte die Fesselung des Menschen an den physischen Leib, der Abstieg in die Materie, die Sinneswelt und das dort ihn erwartende Schicksal von Schmerz und Tod eindrucksvoller und bewegender geschildert werden. Die Trennung von der göttlichen Harmonie, das Erfahren tiefster Einsamkeit in dem vom Ich durchglühten Selbstbewusstsein, die unbeugsame

Haltung des aufgerichteten, im Knochenskelett verhärteten Menschen, der den stärksten Widerständen trotzt und daran zu unerhörter Macht heranreift.

Was aber sind die Prüfungen, die der Mensch so erfährt, der an den Fels der irdischen Welt, der Sinnlichkeit geschmiedet wird? Im Bilde des Mythos heisst es: «Hier frass ihm ein Adler täglich die Leber weg, die täglich wieder wuchs.» Und diese Qual sollte nicht eher wieder aufhören, «bis ein Ersatzmann erscheinen würde, der durch freiwillige Übernahme des Todes gewissermassen sein Stellvertreter zu werden sich erböte».

Nur die moderne Geistesforschung *Rudolf Steiners* war in der Lage, dieses gewaltige Bild zu entschlüsseln und unserem Gegenwartsbewusstsein zu enthüllen. Das Fesseln des Seelisch-Geistigen des Menschen an eine irdische Leiblichkeit ruft zugleich, mit dem dadurch Erfahren der Selbstheit die Selbstsucht des Sinnesgenusses, die Bildung solcher Organe hervor, die Ausdruck und Werkzeug dieser Eigenschaften sind. Es ist die Leber

Prometheus von Chiron befreit

einerseits, das Zentrum der Lebensfunktion, die von den Wärmekräften des Blutes durchzogen sind, aus dem sich die Galle absondert, die sich dem Nahrungsstrom entgegenstellt. Der Adler aber, auch als Geier, als Raubvogel dargestellt, erscheint als Bild eines anderen Organs im Menschen, das sich aus den Luftgewalten bildet, in dem sich die Leidenschaften, die «Gier nach Sein», das «Kama» auslebt, das Organ, das selbst lufterfüllt als Hohlkörper im Hunger die Gier nach Befriedigung, Genuss und Sättigung entwickelt, der menschliche Magen. Würde der menschliche Begierdenleib «nicht diese ganz bestimmte Ausprägung haben, die er im Menschen hat, dann würde auch nicht dieser menschliche Ernährungsapparat mit dem Magen diese bestimmte Form haben, die er heute hat».

Der Kampf zwischen Magen und Leber, der bei jeder Nahrungsaufnahme entbrennt, stellt in der Tat ein zentrales Geschehen dar, dessen Bedeutung wir auch heute nur beginnen können zu erfassen. Die griechische Mythologie war dazu in der Lage, weil sie selbst noch aus der Mysterienweisheit schöpfte, der sie diese Bilder entnahm. «So stellen uns die Sagen die grossen kosmischen Wahrheiten dar . . .. Bei der Prometheussage haben Sie das Fressen des Geiers an der Leber. Das ist ganz wörtlich zu nehmen. Der Geier frisst wirklich an der Leber . . . Es ist der Kampf des Magens mit der Leber. In jedem einzelnen Menschen wiederholt sich . . . dieser prometheische Leidenskampf». Dieser Mythos ist in Wirklichkeit nichts anderes als «das grosse Drama des Menschheitsschicksals». Die moderne Naturforschung und Medizin hat manche Phänomene entdeckt, die dieses Geschehen erhellen. Die sogenannte Psychosomatik konnte Schritte machen zu seinem Verständnis. Mehr noch hat die Geisteswissenschaft dazu beigetragen. Eine occulte Physiologie der Leber wie des Magens gewährt bedeutsame Einblicke in die Prozesse, die sich in diesen Organen und ihrem Wechselwirken abspielen. Ein neues Verständnis der Mythologie wird erlauben, vertiefte Wesenseinblicke in diesem Bereich zu eröffnen, die dem modernen Bewusstsein angemessen sind zur Selbst- und Welterkenntnis. An anderen Stellen seiner Schrift ist der Verfasser auf diese Thematik näher eingegangen.

Nun wollen wir jedoch dem Mythos noch in seiner abschliessenden Bilderfolge weiter nachgehen und in einem nächsten Abschnitt versuchen, einen Bezug zu der erkenntniswissenschaftlichen Problematik unserer Zeit herzustellen.

Wir hatten den Gang des Mythos so weit verfolgt, dass wir dem Entschluss des Zeus begegnet waren, den gefesselten Prometheus erst dann zu befreien, wenn ein «Ersatzmann erscheinen würde, der durch freiwillige

Übernahme des Todes gewissermassen sein Stellvertreter zu werden sich erböte».

Diese Schicksalswende trat früher als erwartet ein. Ein Held von dem erzählt wird, dass er sich in die Eleusinischen Mysterien einweihen liess und der zwölf gewaltige Arbeiten verrichten musste, um zur höchsten Stufe der Initiation zu gelangen, Herakles, auch Herkules genannt, kam des Weges und nahme die Leiden des Prometheus wahr. «Da legte er Keule und Löwenhaut - die Attribute bereits errungenen Geistes-Heldentums - ab, entsandte den Pfeil und schoss den grausamen Vogel von der Leber des Gequälten hinweg».

Mit diesem Bild begegnen wir einem neuen Akt in dem Drama der menschlichen Entwicklung. Der schicksalsergeben wachbewusste Mensch wird durch die Weisheit und Stärke des Geistes zum Sieger in dem Kampfe, der ihm auf seinem Leidenspfade auferlegt ist. Er tötet die Begierdenwelt, die an seinen Leberkräften zehrt, verwandelt sie in ein höheres, befreites Bewusstsein. Jedoch die Legende beschreibt bis in die letzten Einzelheiten exakt das Geschick des Menschen, das wir bis in die Gegenwart hinein teilen. «Auf des Kroniden Urteil, der den Prometheus auf weit längere Zeit an den Felsen gesprochen hatte, auch so nicht unvollzogen bliebe, so musste Prometheus fortwährend einen eisern Ring tragen, an welchem sich ein Steinchen von jenem Kaukasusfelsen befand». Herkules konnte wohl des Prometheus Fesseln lösen, ihn zur Überwindung der Leibesfesseln führen, sich zur Leibfreiheit emporzuheben, doch jene Bindung an das Erdenschicksal, an die mineralische Welt, an die eigentliche Erdenmission des Menschen, musste bewahrt bleiben. Mit Hilfe der Heilkraft des Eisens sollte er lernen, die Erde selbst zu verwandeln, sie einer neuen Stufe in der Weltentwicklung entgegenzuführen. Herkules erscheint als der Repräsentant des neuen Bewusstseins, der durch die höchste Aktivität seines Innern, durch Bestehen der 12 Proben, der 12 Arbeiten, zum Herkules des Geistes geworden ist. «Die Herkulesse des Geistes, die Initiierten sind es, die die Menschheit vorwärts bringen und ihr . . . die Erkenntnis des Geistigen enthüllen».

Zur Erlösung des Prometheus bedurfte es einer letzten, grössten Tat: Die Begegnung mit dem Centauren Chiron, der sich bereitfindet zu dem höchsten Opfer. Wie es Herkules gelingt, diese Bewusstseinskraft selbst zu erlangen, wird uns in einem weiteren Kapitel dieses Buches beschäftigen.

* * *

Chiron, der Centauer, der noch im unteren Menschen die Tiernatur an sich trägt und nach oben schon Mensch geworden ist, wird uns in der griechischen Mythologie geschildert als Sohn des Kronos und der Oceanide Phylera, denn er gehört einer frühen Stufe der Menschheitsentwicklung an. Er lebt noch in den Kräften der geistigen Welt, er ist unsterblich, doch schon auf dem Wege der Sterblichkeit. Er wird uns geschildert mit einem Kranz der Centauria auf dem Haupte, und das weist ihn als den grossen Arzt und Heiler aus. Darum wurde ihm auch Äsculap, der Vater der Heilkunst, zur Erziehung gegeben. Aber es begegnet ihm selbst ein widriges Geschick, dem wir noch einmal in der Herkules-Sage begegnen werden. Er wird nämlich, wie es heisst, aus Versehen von einem vergifteten Pfeil des Herkules getroffen und verwundet. Mit diesem Bild wird angedeutet, dass Chiron das Schicksal des beseelten Menschen, die Krankheit, erleidet. Doch kann er auch mit Hilfe des Centaurium, des Tausendgüldenkrautes keine Heilung finden. Denn seine Weisheit, die kosmischer Art ist, reicht nicht bis in die Menschenschicksale hinein.

Doch ist auch noch immer, wie wir hörten, die letzte Bedingung des Zeus nicht erfüllt: die Stellung eines «Ersatzmannes» für Prometheus. Diese Gestalt tritt mit dem Chiron auf den Plan. Er, der noch Unsterbliche bittet Zeus, ihn sterblich zu machen, d. h. ihm die Kraft des Ich, den Feuerfunken des Prometheus zu gewähren, damit er selbst auch todeswürdig wird, ihn opferwürdig zu machen für den Verzicht auf das Leben mit der Gottheit, aufzusteigen von der Tierheit, um ein freier Mensch zu werden.

«Opfern muss sich der Mensch, der noch im Zusammenhang ist mit dem Tierischen . . . Das Opfer des Kentauern ist für die Entwicklung der 5. Rasse (d. h. unseres Zeitalters) ebenso wichtig wie die Befreiung durch die Eingeweihten . . . »

Durch diese Opfertat der Liebe, in der sich Stärke und Weisheit des Herkules vereint, wird Prometheus erst in Wirklichkeit erlöst, – steigt er auf zu dem in Zukunft weisenden Menschentum.

Hier leuchtet in der griechischen Mythologie schon der erste Schein auf der zukünftigen grössten Opfertat, des Lebens, Leidens und Auferstehens des Christus.

Chiron aber, der grosse Heiler, wurde darum das Vorbild aller «Wundärzte». Die Griechen machten ihn deshalb zum Vater der Chirurgie, die das Messer, das Symbol des Tötens benützen, um den Tod zu überwinden.

Die alten Griechen haben der Heilpflanze Centaurium unbellatum, zu deutsch Tausendüldenkraut, den Namen zugelegt, der ihrem Geschlecht zu eigen. Das Centaurium, heute in ganz Mitteleuropa verbreitet, gehört zu den Enziangewächsen und wird besonders durch seine Bitterstoff-Bildung im Blattbereich charakterisiert. Bitterstoffe solcher Art regen die Bewusstseinskräfte im Stoffwechsel an. Sie wirken appetitanregend, indem sie wie *Rudolf Steiner* darstellte, «den Ätherleib geneigt machen, den Astralleib in sich aufzunehmen»[4]. Dies bedeutet, dass eine stärkere Durchseelung im Stoffwechsel stattfindet, stimuliert durch eine Aktivität der Leber bei der Gallenbildung. Wenn der Mensch mehr Appetit entwickelt, heisst das eine stärkere Überwindungskraft entfalten gegenüber der Fremdnatur der äusseren Welt.

Indem Chiron diese Heilpflanze dem Menschen reicht, regt er in ihm einen physiologischen Durchseelungs-, und zugleich Vermenschlichungsprozess an. Er lässt sie dadurch die Wunde besser zum Heilen bringen, die er notwendigerweise empfangen musste auf seinem Wege in die Erdenwelt. Er betätigt sich im edelsten Sinne als Chirurg. So dient er dem Menschen bei seinem Aufstieg zu einem höheren Bewusstsein. Das spiegelt sich in seinem Opfertod zur Erlösung des Prometheus.

Friedrich Rückert hat in seinen Kindertotenliedern dem Centaurium ein schönes poetisches Denkmal gesetzt, die von *Gustav Mahler* in ergreifender Weise vertont wurden:

«Als ein Tausengüldenkraut
Blühtest du an meinen Wegen,
Und solang ich dich geschaut,
War die Nacht mir luftbetaut,
Und der Tag hell ohne Regen.

* * *

Das Menschheitsdrama, das sich in der grossartigen Bildewelt der griechischen Prometheus-Sage enthüllt, findet sich – wie wohl nicht anders zu erwarten ist, in der Erkenntniswissenschaft der modernen Geistesforschung wieder.

Das gewaltige Ereignis der menschlichen Evolution, die Ablösung von der geistigen Welt, die Begabung mit dem göttlichen Feuerfunken der Individualität, um als Ziel des kosmisch-irdischen Entwicklungsganges die Freiheit zu entwickeln, ist bereits im ersten erkenntniswissenschaftlichen Werk *Rudolf Steiners* mit deutlichen Sätzen charakterisiert: «Der Weltengrund hat sich in die Welt vollständig ausgegossen, er hat sich nicht von der Welt zurückgezogen, um sie von aussen zu lenken, er hat sich ihr nicht vorenthalten. Die höchste Form, in der er innerhalb der Wirklichkeit des gewöhnlichen Lebens auftritt, ist das Denken, und mit demselben die menschliche Persönlichkeit»[5].

Dieses Denken als Ziel der Gottheit, was die Menschheit selbst zum Range der Göttlichkeit sich emporheben lassen will, ist mit dem Verleihen der Persönlichkeit aufs engste verbunden. Auf den Wegen, die der Mythos schildert, lässt der «Weltenlenker» den Eigenwillen im Menschen aufkeimen, der ihn zur Entwicklung der Freiheit befähigt. Dieser «Weltenlenker» – so fährt *Rudolf Steiner* fort: «lebt nicht als Wille irgendwo ausserhalb des Menschen; er hat sich jeden Eigenwillens begeben, um alles von des Menschen Willen abhängig zu machen». Hier sehen wir das Prometheische Element des «Vordenkens» als die aktive, produktive Willenskraft, die sich mit dem Denken zur reinen Wirklichkeitserkenntnis erhebt.

Von den «Grundlinien» ist *Rudolf Steiners* Erkenntniswissenschaft fortgeschritten zur «Wahrheit und Wissenschaft» und zur «Philosophie der Freiheit»[6]. In diesen beiden Grundwerken der modernen Geistesforschung, die für jede wissenschaftliche Arbeit das unerlässliche Fundament geschaffen haben, wird mit grösster Konsequenz der Bewusstseinsweg des Menschen zu der prometheischen Denkkraft dargestellt. In seiner Eindrücklichkeit von ganz besonderer Überzeugungskraft erfüllt, treten uns die Ausführungen entgegen, die *Rudolf Steiner* als Zusatz zur Neuausgabe 1918 dem 12. Kapitel seines Werkes folgen lässt. Hier wird die Fähigkeit des freien Wollens als Verwirklichung einer «ideellen Intuition» erkannt, die für den Menschen erreicht werden kann, «weil (in ihr) nichts als deren eigener auf sich gebaute Wesenheit wirkt». Als solche ist sie aber nicht organisch bedingt, wie der sich bildende Wille zunächst aus den Kräften des Blutes sich aufbaut, «sondern die organische Tätigkeit hat sich zurückgezogen, um der ideellen Platz zu machen. Beobachte ich ein Wollen, das Abbild der Intuition ist, dann ist auch aus diesem Wollen die organisch notwendige Tätigkeit zurückgezogen. Das Wollen ist frei».

Hier wird das Gewaltige, alles menschlichen Werden umfassende «Zurückdrängungsprinzip» angesprochen, das *Rudolf Steiner* entdeckt hat als Sinn und Ziel der gesamten Evolution. Wie dieses «Ablähmen», «Zurückdämmen» sich physiologisch in vielgestaltiger Art manifestiert, – der Mythos stellt es in dem Kampf zwischen Magen und Leber dar, der zur Fesselung an den Fels der Leiblichkeit, aber zu deren Befreiung durch eine höhere Geisteskraft, repräsentiert durch Herakles, – führt, soll versucht werden, besonders auch im Hinblick auf die Ernährungsfragen – an anderer Stelle weiterzuführen. Es würde den Rahmen der vorliegenden Betrachtung sprengen.

Hingegen ergibt sich hier der Hinweis auf eine erkenntniswissenschaftliche Darstellung, die das gekennzeichnete Problem mit grösster Prägnanz und bedeutsamster Klarheit aufzeigt.

In seinem Buch: «Die Voraussetzungslosigkeit der Anthroposophie» hat *Herbert Witzenmann*[7] insbesondere in dem Kapitel «Das Wort 'Ich bin'», diese «Dekomposition des Wirklichen in Wahrnehmung und Begriff» und dessen «verbindende Rekomposition im menschlichen Erkennen» als die «Gnadenerfahrung» der «Freiheitsblüte aus dem Abgrund» für die Erfahrung des Menschen der Gegenwart evident gemacht. Diese «Zurückdrängung der Organisation» des Menschen stellt nämlich in der Tat «eine Wesensbestimmung des Menschseins» dar. «Freilich ist diese nicht ein Naturgeschenk, sondern gerade der Aufschwung aus dem Natürlichen als die jederzeit lösbare, aber auch jederzeit verfehlbare Aufgabe». Durch sie wird die Natur erhöht, indem der Mensch, – als das einzige verkörperte Wesen «nicht aus seiner Organisation, wenn auch nicht ohne sie, nämlich gegen sie» ein «Neues in die geistige Welt hineinträgt», sich selbst als freigewordenes Wesen. Mit sich selbst verwandelt er aber auch die Natur, die er einen solchen Zurückdrängungsprozess erfahren lässt. «Wir wandeln dadurch die physiologische Grundlage unserer geistigen Existenz um und vermitteln der «geistigen Welt durch unsere Freiheit einen neuen Einschlag.

Man kann absehen, dass durch diese Darstellung eine entscheidende Bresche geschlagen wird, um die noch immer sich vermehrenden Hindernisse aus dem Felde zu schlagen, deren Überwindung der Mensch der Gegenwart zur Rettung seiner Existenz nötiger hat denn je zuvor.

* * *

In grossartiger Weise hat aber auch *Goethe* den alten Prometheus-Mythos in eine neue Form gegossen: in seiner unvollendeten Dichtung «Pandora». Hier tritt uns Prometheus mit der Fackel in der Hand, dem Ausdruck der durchwärmenden und durchlichtenden Kraft der menschlichen Persönlichkeit, entgegen, noch aus der Nacht des Bewusstseins, das nun von innen her erleuchtet und erwärmt zu werden vermag. In seiner Gesellschaft finden sich die Schmiede, die Repräsentanten der tätigen produktiven Kräfte, die die Natur umgestalten und zum Instrument für den Ichfunken mit Hilfe des Eisens bilden. Der Mensch als selbstschöpferisches, freiwerdendes, die Natur umschaffendes und durch eigene Tat der Gottheit sich wiederverbündendes Wesen kann die Worte sprechen, die

Goethe seinen Prometheus sprechen lässt: «Des echten Menschen wahre Feier ist die Tat», – die freie Tat des Menschen wird zur Erkenntnisfeier.

Ihr steht entgegen die Naturgrundlage, deren Repräsentant, Epimetheus, der Nachdenkende. Er gründet sein Wesen auf der Vergangenheit, dem passiven Element der Wahrnehmung, dem Gewordenen, im modernen Sinne, dem abstrakten, spiegelbildlichen Abbilden der Welt. Ihm begegnet Pandora, die alle Leiden des unfruchtbaren, seelenverödenden Denkens auf die Menschheit ergiesst. «Sie repräsentiert uns das bloss mechanische Gedankenbild, einen Gedankenmechanismus bildenden, nachgedachte Wahrheit im Lebendig-Schöpferischen der Welt»[8]. Mit diesem Wort *Rudolf Steiners* wird die noch fast immer massgebliche Denkart der Gegenwart als epimethisch-pandorisch charaktersisiert, – die moderne Konsumgesellschaft, die noch immer dem Wahn des Agnostizismus verhaftet bleibt.

Doch vermählt sich Epimetheus der Pandora, um Elpore, die Hoffnung und Epimelaia, die Sorgende, ins Leben treten zu lassen. Und Phileros, Prometheus Sohn, kann sich diesem Seelenelement verbinden. Eos, die Morgenröte, verkündet das neue Licht, das die Nacht, aus der Prometheus hervorgetreten, zu neuer Bewusstseinshelle wandelt. Das Tätige, das Schaffende Element in Phileros «tritt in wirkungsvolle Verbindung mit dem schaffenden, spriessenden Element der Natur. In dieser Weise versöhnt sich das Element des Prometheus mit dem Element des Epimetheus». Auf diesem Wege kann der Mensch nichts nur die Hoffnung haben – Elpore –, sondern auch die Kraft erringen, mitzuarbeiten und zu verwirklichen, was er selber in sich durch seine produktive Kraft zu schaffen vermag». Auf diesem Wege entsteht wie durch die Versöhnung in Prometheus und Epimetheus, ein Neues: «Sie ist gegenüber Natur und Geist ein Drittes, Menschliches». Hier beginnt, sich «innerhalb der Schranken, die uns einengen, und der Gefahren, die uns von dem Wege abdrängen wollen, der uns zu unserer wahren Ichheit führt, eine Auferstehungsleiblichkeit zu erheben».

Dazu bedarf es allerdings wahrhaft herkulischer Kräfte. Und darum begegnet uns Herkules auch im Prometheus-Mythos. Seinen Taten wollen wir uns in einem folgenden Kapitel zuwenden.

Von den 12 Arbeiten des Herakles

Auch Herakles, lateinisch Herkules genannt, führt uns in die Welt der Heroen, Götter und Menschen der Vorzeit. Das vielschichtige Gewebe, das der Mythos um seine Geschicke gewoben hat, lässt uns bedeutsame Einblicke gewinnen in die Menschheitsentwicklung, und damit zugleich auch manche aufschlussreichen Gesichtspunkte erkennen für den Wandel der Ernährungsformen.

Schon die Umstände seiner Geburt und ersten Kindheit sind bemerkenswert. Herakles wird uns geschildert als ein Sohn des Zeus mit einer sterblichen Frau, der Alkmene. Das deutet auf ein Wesen, das noch in der geistigen Welt wurzelnd, sich den Weg in das Erdenreich bahnen will. Doch zieht es seine Kraft und Stärke aus den göttlichen Sphären. Unter seltsamen Umständen - des Zeus Gemahlin Hera ist eifersüchtig auf den Göttersohn - legt sie unerkannt den Neugeborenen an ihren Busen, - «doch der Knabe sog viel kräftiger an der Brust als sein Alter erwarten liess» und so warf sie das Kind unwillig zu Boden. Herakles hatte nur ein paar Züge an Heras Brust getan, «aber die wenigen Tropfen Göttermilch waren genügend, ihm Unsterblichkeit einzuflössen».

Dieses bedeutsame Bild lässt uns in die Welt der menschlichen Urnahrung hineinblicken, der «Urmilch», der Ureiweiss-Atmosphäre, wie wir sie in unserem Milch-Kapitel der «Dynamischen Ernährungslehre» beschrieben haben.[9] Es ist die Urlebenswelt, aus der alles Lebendige hervorgegangen ist, die uns hier als Nahrung des Herakles vorgeführt wird, wie sie auch der nordische Mythos mit seiner Bilderwelt geschildert hat. Mit diesen Kräften erfüllt Herakles seine eigene Lebensorganisation, - den kosmischen Ätherkräften, die bis heute den Menschen umströmen, wenn er sich zur Geburt anschickt. Es sind die Kräfte, die ihm immerdar Anteil an der übersinnlichen Welt gewähren. Aber Herakles gewinnt mit den wenigen kräftigen Zügen aus diesem Quell eine solche Lebensfülle, dass er forthin mit unerschöpflichen Kräften begabt ist.

Wohl hat die Milch eine Erdenmetamorphose erfahren, doch ihre Herkunft aus der göttlich weiblichen Brust lässt noch das Geheimnis ihres Ursprungs erkennen. Die weiblichen Kräfte, als die universellen, die mütterlichen, wie sie *Bachofen* in seinem Werke «Mutterrecht und Urreligion»[10] beschrieben hat, wie sie in anderer Sicht in der Göttin Demeter erscheinen, sie verbinden den Menschen mit dem Universum, das alle Menschen zu einer Einheit zusammenschliesst. Es ist zugleich die Welt der Urweisheit, wie sie die menschliche Lebensorganisation durchströmt, die jeden einzelnen zum Teilnehmer macht an der göttlichen Ursprungswelt.

Der griechische Mythos weist hier auf einen noch älteren Herakles hin, den sie den «ägyptischen» nennt. Er gehört dem Stierzeitalter an, jenen kosmischen Lebensgewalten, die den Menschen noch zum Herrscher über die Naturkräfte machten, ihm unerhörte Macht verliehen. Dieser Ur-Herakles ist ein Sonnenheld, wird als Angehöriger der frühminoischen Kultur geschildert, der spätere, von dem die Verrichtung der 12 Arbeiten überliefert sind, erscheint wie ein Mythos seines Urbildes, wie eine Wiederverkörperung des noch an der Götterbrust Ernährten.

Als jedoch Hera ihren Irrtum bemerkte, – so beschreibt es der Mythos weiter – schickte sie sogleich zwei entsetzliche Schlangen aus, die sich an der Wiege emporringelten und den Hals des Knaben zu ersticken begannen. Doch der Knabe erwachte, «ergriff mit jeder Hand eine Schlange am Genick und erstickte die beiden mit einem einzigen Druck». Der Stiefvater, der herbeieilte, erbebte über die «unerhörte Kraft des kaum geborenen Sohnes. Er betrachtete die Tat als ein grosses Wunderzeichen . . .»

Wer wird nicht bei diesem Bilde an die «Zauberflöte» erinnert, als Tamino am Anfang seines Prüfungsweges von einer gewaltigen Schlange überfallen wird, die er zu bezwingen hat, um die Richtung zu finden, die ihn zum Weisheitstempel führen soll? Oder ersteht nicht die Uräus-Schlange der alten ägyptischen Götter vor unserem Auge, die hochaufgerichtet als Sinnbild der Weisheit, die zugleich Klugheit und Stärke verleiht. Und so prophezeit der herbeigerufene Seher Theresias das Schicksal des Knaben: «Wie viele Ungeheuer auf Erden, wie viele Ungetüme des Meeres er hinwegräumen, wie er mit den Giganten selbst im Kampfe zusammenstossen und sie besiegen werde und wie ihm am Ende seines mutvollen Erdenlebens das ewige Leben bei den Göttern, und Hebe, die ewige Jugend, als himmlische Gemahlin erwarten».

* * *

So trat Herakles seinen Lebensweg an, und als er achtzehn Jahre alt geworden, war er vier Ellen lang und Feuerglanz entströmte seinen Augen. Er war zum «schönsten und stärksten Mann herangewachsen», – doch nun musste er sich selbst entscheiden, «ob er diese Kraft zum Guten oder zum Schlimmen anwenden würde». Wir treffen jetzt «Herakles am Scheidewege» an, ein Geschehen, das viele Jahrhunderte hindurch besungen und im

Bilde wiedergegeben wurde. Der klassischen griechischen Vasenmalerei diente es als bevorzugtes Objekt.

Zwei Frauen traten Herakles entgegen. Die eine mit fleckenlos weissem Gewande angetan, von edlem Antlitz und sittsamer Haltung, die andere war «wohlgenährt und von schwellender Fülle». Sie war es, die Herakles anredete, um ihn einzuladen, die angenehmste und gemächlichste Strasse zu führen, ihn «mit den köstlichsten Speisen und Getränken zu laben» und «seine Augen, Ohren und die übrigen Sinne durch die angenehmsten Empfindungen zu ergötzen» und alle Genüsse ohne Mühe und Arbeit zu verschaffen.

Die andere Frau hingegen begann ihm «die Seite darzustellen, wie die Götter sie gewollt haben», – ihr Wahlspruch lautete: «Willst Du ernten, so musst Du säen». Sonst wirst Du «essen ehe Dich hungert und trinken, ehe Dich dürstet» und «den besten Teil des Tages verschlafen». Aber, wenn er sich entschliessen würde, den von ihr gewiesenen Weg zu gehen, erwarte ihn «das seligste Los», und «Speise, Trank und Schlaf schmeckt meinen Freunden besser als den Trägen».

Herakles, wieder allein gelassen, wählte den Weg der zweiten Frau. «Er war entschlossen, den Weg der Tugend zu gehen». Sein Prüfungsweg beginnt. Die 12 Arbeiten, die er zu verrichten hat, sind die 12 Proben seines Einweihungsweges, der ihn durch den ganzen Tierkreis führt.

* * *

Wir wollen im Rahmen dieser Darstellung nur einige Stufen dieses Weges vor unser Seelenauge stellen, die zugleich als Zeugnisse dienen können für unser Anliegen, den Wandel der Ernährungsformen zu erkennen als Spiegelbilder der Stufen der Menschheitsentwicklung.

Wir sehen nun in Herakles den Menschen, der mit heroischen Kräften begabt, zum prometheischen Vorbild wird des Menschen, der sein Erdenschicksal im Kampf mit dem Bösen zu bestehen hat, der als Sieger hervorgeht über alle Gewalten, die sich ihm in den Weg stellen, der mit der Entfaltung stärkster Willenskraft selbst den Cerberus, den Höllenhund in seinem eigenen Wesen zähmt und so zu einem «Alexikakos», dem Besieger des Bösen aufsteigt, einem «Gott der Tugend» in Menschengestalt. Dafür braucht er «Löwenmut», und deshalb hat er als Erstes den Löwen zu bezwingen, der ihn anfällt. Zum Zeichen des Beherrschers dieser Kräfte umkleidet er sich fortan mit dem Löwenfell und setzt sich den Löwenrachen als Helm auf sein Haupt, – denn er beherrscht nun diese Mutkraft mit seiner

Gedankenkraft. Er gibt seinen Taten eine weisheitsvolle Richtung. In der Darstellung dieser ersten Arbeit, wie sie in den Metopen des Zeustempels zu Olympia verherrlicht wurde, sehen wir den Held mit Athene, die ihm mit ihrer Gedankenruhe zur Seite steht, den ersten Schritt auf dem Wege zu einer neuen Bewusstseinskraft zu vollziehen.

Es ist höchst bemerkenswert, wie der Mythos diesen Löwenkampf schildert. Wir werden darauf verwiesen, dass dieser Löwe gar nicht ein Erdenwesen sei, sondern «vom Monde auf die Erde herabgefallen». Damit wird schon im Bild kundgetan, dass es sich in Wirklichkeit um den «Löwengeist» handelt, mit dem Herakles zu tun hat. So heisst es auch weiter, dass dieses Wesen mit keinen menschlichen Waffen verwundbar sei. Bei einem ersten Versuch, ihn mit seinem Pfeil zu treffen, prallt dieser «an dem Sitz des Atems» ab, und erst nachdem Herakles alle seine Waffen abgelegt hat, gelingt es ihm, mit seinen Armen dem Tier die Kehle zuzudrücken und so zu ersticken.

Was will wohl dieses Bild besagen? Die Geistesforschung *Rudolf Steiners* hat darstellen können, dass hohe Geisteswesen vom Kosmos her in Urzeiten auf der Erde gewirkt haben, und dort gleichsam Abbilder ihres Wesens schufen. So prägten die «Löwen-Geister» ihr Abbild in «denjenigen Tiernaturen, die vorzugsweise ihre Herz- und Blutzirkulationsorgane ausgebildet haben», die «Stiergeister» hingegen prägten sich in dem Organbereich der «Ernährungs- und Verdauungsorganisation» aus[11].Das Wissen um diese organschaffenden Bildekräfte war von entsprechenden «Orakelstätten» zu erlangen, das den Menschen durch bestimmte Schulungen zugänglich war. Man konnte also ein Löwen-Eingeweihter, oder ein Stier-Eingeweihter werden. Und beides finden wir in dem Herkules-Mythos geschildert. Mit anderen Worten, es konnte der Mensch auf diesem Weg ein Wissen über die «Occulte Physiologie» erlangen, – die solche Organe im Menschen erschafft. Zugleich aber war dies eine Art von sinnlich-sittlicher Weisheit, die demjenigen Menschen zuteil wurde, die die geistigen Löwenkräfte beherrschten, die Mutkräfte, aber auch die sprachbildenden Atemkräfte. Hingegen waren die Stierkräfte der Beherrschung der Stofflich-gebundenen Triebkräfte zugeordnet, und damit dem Wirken des menschlichen Willens.

Dieses Abenteuer konnte Herkules aber erst bestehen, nachdem er vorher eine Reihe von weiteren «Arbeiten» verrichtet hatte. Erst als siebte Arbeit bezwang er den «geheiligten Stier». In diese Zeit fällt seine Begegnung mit dem Kentauren Chiron, von dem wir schon in unserem Prometheus-Kapitel gesprochen haben. Hier treffen sich ein erstes Mal die beiden Mythen-Kreise.

Herakles hatte, wie es heisst «irrtümlich» den Centauren Chiron verwundet. Aber diese Wunde, die er von dem in das Gift der Hydra getauchten Pfeil des Herakles empfangen hatte, war unheilbar, selbst mit des Chiron eigenen Heilmittel. Die Krankheit, die er als Menschenschicksal auf sich genommen hatte, konnte nur geheilt werden, wenn er dieses Schicksal voll auf sich nahm, d. h. auch den Tod erlitt. Und darum versprach ihm Herakles, ihm «koste es, was es wolle, den Tod, den Erlöser zu senden». Mit seinem Verzicht auf die Unsterblichkeit, mit seinem Aufsteigen zur Stufe der Menschheit, erringt er zugleich die Todes-Überwindungskräfte. Er begibt sich auf den Weg, die Tierheit abzustreifen, um ein freies Menschenwesen werden zu können. «Opfern muss sich der Mensch, der noch im Zusammenhang ist mit dem Tierischen». Diese Worte *Rudolf Steiners* , die wir schon im Zusammenhang mit der Prometheus-Sage anführten, zeigen uns, dass in Wirklichkeit Herakles selbst sein «Chiron-Wesen» überwindet, die letzten Fesseln abstreift, die ihn an die Tierheit fesseln. Er wird reif, die nächsten Proben zu bestehen. Aber dadurch erlöst er auch Prometheus, der uns auch wiederum als ein Teil des Herakles selbst erscheinen kann, als einen neue Metamorphose auf dem Wege, den Ichfunken im Erdenleben zur durchleuchtenden und durchwärmenden Flamme zu entfachen.

* * *

Wir deuteten schon an, dass Herakles auf seinem weiteren Prüfungswege - nach Vollbringen neuer Proben - dem Stier begegnen kann, um ihn zu besiegen. Poseidon, der Meeresgott, hatte ihn als ein «ausnehmend schönes» Tier aus den Meerstiefen aufsteigen lassen. «Ihn zu bändigen, wurde dem Herakles als siebente Arbeit aufgetragen». Dieser Stier prägte die ganze minoische, wie auch ägyptische Kultur. In vielen grossartigen Darstellungen aus dieser Zeit wird die Stierprobe verherrlicht, die auserlesene Jünglinge zu bestehen hatten, indem sie sich selbst auf den rasenden Stier schwingen und ihn so unter ihre Herrschaft brachten. Dies tat auch Herakles: «Die Heldenkraft des Herakles bändigte den rasenden Ochsen so gründlich, dass er sich von ihm auf dem ganzen Wege nach der See wie von einem Schiffe tragen liess».

Wir haben schon von jener «Gestalt des Stiergeistes» gesprochen, die demjenigen begegnete, der auf der Stufenleiter der Einweihung in den geistigen Wahrheitsquell der Kräftesphäre inne wurde, die im Menschenwesen die «Ernährung- und Verdauungsorganisation» erschaffen konnte. Durch diese Organe wird der Mensch teilhaftig der Erdenstofflichkeit, aber auch deren Überwindung in dem eigenen Verdauungsorganismus. Hier begegnen wir der grossartigen Welt, um deren Verständnis wir uns in dem Kapitel über den Demeter-Mythos bemüht haben, wie sie sich in dem Rinderorganismus, den Magenbildungen der Wiederkäuer, den Hornbildungen und deren Zusammenhang mit der Zahnbildung äussert.

Der Mensch, der diese Kräfte durchschauen lernt, wird zum Schöpfer der irdischen Ernährungs- und Ackerbaukultur, wird zum Triptolemos, dem «Dreimalpflüger», wie er von Demeter eingeweiht wird. Wir werden sehen, dass auch Herakles auf seinem Wege diese Weihen empfängt, wenn er vorher noch weitere Proben bestanden hat.

Im Kretischen Sagenkreis wird dieser Stier ähnlich wie die Kentauren als ein Wesen geschildert, halb Tier, halb Mensch. Minos, der König der Kreter, schloss ihn in das Labyrinth ein, um ihn dort bewachen zu können. Dieses Labyrinth war als ein grosses kunstvolles Gebäude von Dädalus errichtet worden, mit vielen Gängen und Windungen versehen. In diesen konnte man sich leicht verlieren und dann ein Opfer werden der Stierkräfte des Minotaurus. Das Labyrinth, in dem der Stier herrschte, erscheint so zugleich als Imagination für die Magen- und Darmorganisation mit ihren vielfach verschlungenen Gestaltungen, wie auch als deren Metamorphose im oberen Menschen, dem Gehirn. Der Gedankenkräfte, der Führung durch die menschliche Vernunft, bedarf es, um den Stier zu bändigen, der in den dunklen Tiefen des Leibes herrscht. Sie werden im Mythos durch den Faden symbolisiert, den Ariadne dem Theseus reicht, als er in das Labyrinth eindringen will, damit er nach Besiegung des Minotaurus wieder den Rückweg auf die Erde findet. Denn Herakles hatte zwar den Stier gebändigt, aber nicht getötet. Die Zeit der Verwandlungen der Gedankenkräfte in das Licht der Bewusstseinsseele war noch nicht gekommen. Aber der Mythos schildert, wie Theseus, nach Athen zurückgekehrt, dort einen feierlichen Tanz einführte, der die Irrgänge des Labyrinthes abbildete». Hier wird uns im Bilde vorgeführt, wie im Griechentum die menschliche Denkkunst geboren wurde, die mit Sokrates, Plato und Aristoteles zu herrlicher Blüte sich entwickelt hat, als Stufe zu dem nächsten Schritt, den die Menschheit mit dem Erringen der Bewusstseinsseelenkraft zu vollziehen hat.

Jetzt war Herakles zu den nächsten Stufen seines Einweihungsweges gerüstet. Sie führte ihn als Erstes zu der Begegnung mit den wilden Pferden, die er zu bändigen hatte. Von ihnen erzählt der Mythos, dass ihr Futter

Herkales treibt den Stier zum Opfer

nicht aus Hafer, sondern aus Menschenfleisch bestanden habe. Herakles zähmte sie zuerst, doch erst nachdem sie erneut Gelüste nach rohem Fleisch zeigten, gelang es ihm, sie soweit zu bändigen, dass sie fortan sich mit dem Hafer begnügten, um ihre Feuerkraft zu erproben. Dieses Bild spricht deutlich aus, wie Herakles selbst in den Besitz der Intelligenzkraft gelangte, die sein Denken befeuerte, zugleich aber auch mit jener Weisheit begabte, die das Denken der Menschen der Kraft der Logik zugänglich machte und sie zu Herrschern im Reiche der Gedankenwelt machte. Es wird erzählt, dass Nachkommen dieser von Herakles gezähmten Rosse später von Alexander dem Grossen auf seinen Eroberungszügen geritten wurde. der grosse Held bediente sich der Gedankenkraft, die Herakles für die Menschheit errungen hatte. Er hatte Aristoteles als Lehrer gehabt.

Jetzt aber war Herakles selbst fähig geworden zu einem grossen Zuge; er schloss sich dem Heere des Jason an, der das goldene Vliess erlangen sollte, dem Argonautenzug.

Emil Schweigler: Die Argonauten und das goldene Vliess

Diesem Zug von 56 Helden, von Jason angeführt, gehörte auch Orpheus an. Dieser hatte in seiner Jugend die Geheimnisse der ägyptischen Priesterweihen nach Griechenland gebracht und von Apollo eine Leier mit sieben Saiten erhalten, die er noch um zwei weitere Saiten vermehrte. Mit seinen Liedern und Saitenspiel zähmte er die wildesten Tier, hielt er die schrecklichsten Stürme auf und besänftigte die rohesten Menschen. Er war ein Gewaltiger der Ursprache, durch deren magische Kraft er die menschlichen Triebe wie die elementarischen Mächte verwandeln konnte. So bewahrte er auch die Helden vor dem verderbenbringenden Einfluss der Sirenengesänge, die sie von ihrem Ziele ablenken wollten, durch die herrlichen Töne, die er seiner Leier entlockte. Und in Kolchis angelangt, schläferte er mit seinen Gesängen den Drachen ein, der das goldene Vliess bewachte.

So gelang es dem Helden, dieses geheiligte Widderfell, ein Symbol der dort gehüteten Mysterienstätte, zu entführen, bevor seine Wächter erwachten. Freilich wäre dies nicht gelungen ohne die Hilfe der Medea, der Tochter des Königs, der über Kolchis herrschte. Denn auch ihre Zaubermittel besänftigten den Drachen, der das Heiligtum bewachte.

Was mit diesem Mythos, an dessen Geschehen Herakles teilnimmt, überliefert wird, führt bis in Zeiten vorirdischen und vorgeburtlichen Werdens der Welt und des Menschen zurück. Aber durch die Verbindung des Jason mit Medea wird zugleich ein Zukunftsbild entworfen, indem hier die Liebefähigkeit des Menschen von ihrem Ursprung in ihr Zukunftsbild aufleuchtet. Auch Herakles nimmt an dieser Weisheit teil. Sie wird dadurch zugleich von ihrer Entartung gerettet. Denn es wird uns auch berichtet, dass Herakles den rituellen Menschenopfern Einhalt gebietet, die als Niedergangszeichen der alten Mysterienkulte auftraten.

Mit solchen Kräften gerüstet, konnte Herakles nun die letzten vier «Arbeiten» verrichten, die ihm auferlegt waren. Für unser Anliegen sind die elfte und zwölfte von besonderer Bedeutung: die Erlangung der goldenen Äpfel der Hesperiden und der Gang in die Unterwelt, – wie es in einem alten Lehrgedicht heisst:

«Pflückt die Hesperischen Äpfel, die goldenen, und tötet den Drachen,
Schleppt aus des Tartarus Reich den Cerberus fest gebunden».

Auf langen und beschwerlichen Umwegen gelangt Herakles in die Nähe des Gartens, der die heiligen Äpfel birgt. Dieser liegt nämlich jenseits der Pforte, die von Alters her mit dem Namen unseres Helden verknüpft ist, den «Säulen des Herkules». Er muss also mit seinem Bewusstsein zurückschauen in das Reich der alten Atlantis. Das war aber für das griechische Bewusstsein das Reich der Götter, die geistige Welt. Es war die gleiche Welt, die als das Reich der Demeter, das Reich des vergangenen geistigen Schauens, erlebt wurde.

«Einst, bei der feierlichen Vermählung des Zeus mit Hera, als alle Götter dem erhabenen Paar ihre Hochzeitsgeschenke darbrachten, wollte auch Gaia, die Erde, nicht zurückbleiben. Sie liess am Westgestade des grossen Weltmeeres einen ästereichen Baum voller goldener Äpfel heranwachsen».

In der griechischen Götterlehre erscheint Gäa als der kosmische Ursprung der Erde, das Urwerden, wie es in der modernen Geistesforschung mit dem Namen «Saturn» bezeichnet wird. Zeus und Hera dagegen gehören der dritten Göttergeneration an, stammen von den Chroniden ab. Mit ihr beginnt die eigentliche Erd- und Menschheitsgeschichte. Das Geschwisterpaar vermählt sich – im Bilde der Hinweis auf die ursprüngliche vom Blutstrom beherrschte «Nah-Ehe», die in Ägypten mit Osiris und Isis in Erscheinung tritt. Mit dem Geschwisterpaar Zeus und Hera schaute der alte Grieche in die atlantische Vorzeit zurück, wo noch durch die Blutskräfte die menschlichen Gemeinschaftsbildungen bestimmt wurden, die zu-

Herakles und die goldenen Äpfel der Hesperiden

gleich das alte Hellsehen, das Zusammenleben mit den Göttern, hervorbrachten.

Zu den Gaben, die diesen Göttern zuteil wurden, gehören auch die goldenen Äpfel, die Gaia, die sich zur Erde metamorphosierende Urbilderkraft, Vermählten stiftet. Sie künden von der «Götterspeise», die auch dem Menschen der Urzeit zuteil wurde, bevor ihm eine Erdennahrung, der Fall in die materielle Welt, notwendig wurde. Darum sind diese Äpfel noch golden, von Sonnenkraft erfüllt, darum auch werden sie streng bewacht, von dem Zugriff Unberufener. «Vier Jungfrauen, Hesperiden genannt, Töchter der Nacht, waren die Wärterinnen dieses heiligen Gartens», berichtet der Mythos. Ihr Name deutet in Wirklichkeit auf ihren Vater Atlas hin, der das Tor zur Atlantis hütet. Er hat sich später in die Worte Vesper-Abend (land) - Westen, gewandelt.

Um sich diesem Tor zu nahen, musste Herakles noch weite Wanderungen durchmachen, im Sinne der damaligen Ausdrucksweise, noch weitere Mysterienstätten besuchen. Er gelangte nach Ägypten, Afrika, Indien, zu den Skythen, nach Hyperborea, d. h. zu allen Mysterienstätten der alten Welt, deren Geheimnisse ihm offenbar wurden.

Auf einer dieser Wanderungen fand er auch Prometheus, am Felsen des Kaukasus angeschmiedet und löste seine Fesseln, schoss den Geier, der an seiner Leber frass. Und dort begegnete ihm auch Chiron wieder, der sich für Prometheus opferte und seine Sterblichkeit preisgab. In dieser Schilderung fliessen die Menschheitsströme, wie sie durch Prometheus, Herakles und Chiron repräsentiert werden, zusammen. Davon haben wir in unserer Prometheus-Abhandlung berichtet.

Für Herakles bedeutete dieses Erlebnis einen weiteren Fortschritt auf seinem Prüfungswege. Jetzt kann er sie, die ihn zum Göttergarten führt, er kann die goldenen Äpfel in Empfang nehmen. Dabei folgte er dem Rat des Prometheus, nicht selbst die Früchte zu pflücken, sondern den Riesen Atlas darum zu bitten. Dieser fand sich dazu auch bereit, doch musste ihm Herakles für eine Weile die Last abnehmen, die er auf seinen Schultern trug. Denn er, der an der Schwelle der geistigen zur Erdenwelt Wache hielt, hatte die Schwere dieser ganzen Welt zu tragen, die dem Stoffe eignet. Herakles musste ertragen lernen, was diese irdische Welt den Menschen auferlegt. Aber er muss gestehen, dass ihm «die entsetzliche Last das Gehirn zersprengt», wenn er sie nicht wieder von sich abwälzen kann. Und so tauschte er die unerträgliche Last mit den drei goldenen Äpfeln ein. Aber, das berichtet der Mythos klar, - er genoss sie nicht, er biss nicht hinein, wie

Adam und Eva, sondern übergab sie der Göttin Athene, und diese trug sie wieder in den Garten der Hesperiden zurück.

Herakles, als Repräsentant der nachatlantischen Kultur überwand die Versuchung nach dem «malum», dem Übel, das den geistigen Blick verdunkelte. Aber die Zeit war auch noch nicht gekommen, wo Maria den Apfel dem Christkind zur Entsühnung reichte. Darum gab Herakles die goldenen Äpfel der Gottheit zurück. Er selbst jedoch stieg dadurch zu einer höheren geistigen Stufe auf. Dies deutet der Mythos dadurch an, dass er berichtet, wie Herakles sich nun nach Eleusis wendet, «wo eine Geheimlehre über göttliche Dinge der Ober- und Unterwelt von kundigen Priestern gehegt wurde und liess sich von dem Priester Eumolpos in die dortigen Geheimnisse einweihen . . .»

Hier wird ganz deutlich ausgesprochen, dass Herakles nun nicht nur das Reich der oberen Götter betreten, sondern zu den unteren, den chthonischen Göttern vordringen konnte. Diese war in Wirklichkeit die höheren, die die Urgewalten aller Schöpfung vom Unbewussten des Menschen verwalten. Es waren die «Stoffwechselgötter», wie sie die Prozesse der Ernährung, Verdauung und Fortpflanzung beherrschen. Demeter, die Göttin von Eleusis, stieg in die Unterwelt hinab, nachdem ihre Tochter Persephone von Pluto geraubt worden war. In ihre Mysterien war Herakles eingeweiht worden. Nun konnte er seine letzte «grosse Arbeit» verrichten, selbst in den Tartaros hinabzusteigen. «So mit geheimer Kraft, den Schrecken der Unterwelt zu begegnen, ausgerüstet . . ., stieg er von Hermes, dem Begleiter der Seelen, geleitet die tiefe Erdenkluft hinab und kam zur Unterwelt vor die Stadt des Königs Pluto». Dieser gebot ihm, sich aller seiner Waffen zu entledigen. Dann erlaubte er ihm den Höllenhund Cerberus zu bändigen und ihn gefesselt an die Oberwelt zu bringen. So gelangte er glücklich wieder ans Tageslicht. Aber als der Höllenhund dieses erblickte, «entsetzte er sich und fing an, den Geifer von sich zu speien. Davon wuchs der giftige Eisenhut aus dem Boden hervor».

Diese, noch heute stark giftige Pflanze, Acotinum napellus, wächst auch in den mitteleuropäischen Gebirgen und ist von altersher als bedeutende Heilpflanze bekannt und genutzt. Die moderne Forschung hat in ihr ein Alkaloid gefunden, dem diese für den Menschen giftige Wirkung zu eigen ist. Wir haben hier ein schönes Beispiel vor uns, wie der Mythos in ein Bild kleidet, was die Naturforschung als Substanzwirkung beschreibt. Aber so wie der Mythos erzählt, dass Herkules den Höllenhund zähmt und ihn in die Oberwelt mitbringt, so macht die moderne Pharmakologie die Erfahrung, dass das Gift des Eisenhutes, in richtiger Dosierung für die

Herakles und Cerberus

passende Erkrankung verwendet, sich in Arznei verwandelt. Auch das Böse hat, an den rechten Ort gebracht, eine Wirkung, die zum Guten führen kann. So verdanken wir dem geifernden Höllenhund, ans Tageslicht gebracht, ein wirksames Heilmittel.

Rudolf Steiner hat Aconit ebenfalls zur Anwendung für verschiedene menschliche Erkrankungen empfohlen, insbesondere für die erkrankte, besonders starke Schmerzen hervorrufende Nervenorganisation.

Herkules aber lässt den Cerberus, nachdem er ihn seinem staunenden Auftraggeber vorgezeigt hatte, wieder zu seinem Herrn in die Unterwelt zurückkehren.

Damit hat der zwölffach siegreiche Held alle Proben bestanden, die von ihm gefordert worden waren. Er konnte nun seinen weiteren Schicksalsweg antreten, kam nach Olympia und wurde dort zum Begründer der Olympischen Spiele. In den Annalen wird der erste Wettkampf auf das Jahr 776 v. Chr. gelegt. Dies ist das Jahr des Beginns der 4. nachatlantischen Kulturperiode, der griechisch-römischen Zeit, wie ihn die moderne Geisteswissenschaft beschrieben hat.

Man erkennt hier deutlich, wie die Olympischen Spiele in ihrem Ursprung geistgeboren sind. Gerade Herkules erscheint als einer der grössten Repräsentanten der Harmonie des Geistigen mit dem Leiblichen. Diesem Ziele galt der Wettkampf, der ursprünglich in Olympia alljährlich ausgetragen wurde. Der Leib sollte geschmeidig gemacht werden für die Herrschaft des Ich-Bewusstseins, er sollte zum Instrument herangebildet werden für die Kraft des übersinnlichen Ich, das sich im menschlichen Leibe verkörpern will. Darum finden wir auch den Zeustempel zu Olympia mit den 12 Heldentaten des Herakles geschmückt. Freilich, von diesem ursprünglichen Geist und Sinn der «Olympischen Spiele» ist in unserer Zeit nichts mehr zu finden.

Aber «die Herkulesse des Geistes sind es, die die Menschheit vorwärtsbringen, und ihr . . . die Erkenntnis des Geistigen enthüllen . . .» Dieses Wort *Rudolf Steiners* deutet auf das Geisteslicht, das über Olympia leuchtet, die ganze griechische Kultur erhellend. Es erscheint in dem Erdenende des Helden in einem wundersam strahlenden Glanze, der sich bis in die Gegenwart und Zukunft hinein verbreitet.

Der Mythos erzählt, wie Herkules, von schwersten Schicksalsschlägen heimgesucht, die furchtbarsten Qualen erleiden muss. Endlich offenbarte ihm das Orakel von Delphi, er solle sich auf einen hohen Berg führen lassen, um sein Leben zu beschliessen. Dort legte er sich auf einen breiten Scheiterhaufen und befahl den Seinigen, den Holzstoss von unten anzuzünden. Aber sobald das Feuer entfacht war, «schlugen die Blitze vom Himmel darein und beschleunigten die Flammen. Da senkte sich eine Wolke herab auf den Holzstoss und trug den Unsterblichen unter Donnerschlägen zum Olymp empor.»

Das erhabene Bild, das hier der Mythos enthüllt, lässt das künftige Geheimnis ahnen, das in naher Menschheitszukunft Wirklichkeit werden sollte. Es vollendet sich mit den prophetischen Worten: «Als nun, da der Scheiterhaufen schnell zu Asche verbrannt war», die Freunde der Brandstätte sich näherten, war «kein einziges Gebein mehr» zu finden. Die Asche hatte sich in das Weltall hinein aufgelöst.

Es gehört zu den tiefsten Rätseln, deren Auflösung der modernen Geistesforschung gelang, was uns in diesem gewaltigen Schlusssbild des Herakles-Mythos entgegentritt. Das Geheimnis der Stoffwerdung und der Vergeistigung wurde in den alten Mysterien sorgfältig gehütet. Der Herabstieg des Menschen in die Materie und die Bezwingung dieser Gewalten, seine Befreiung von ihren Fesseln, sein Wiederaufstieg mit einer neuen Kraft und Fähigkeit, die nur er als Mensch erringen konnte, in die geistige Welt, – dieses Menschheitsdrama kann heute begonnen werden, mit modernen Mitteln zu erforschen. In diesem Gewande stellt es sich so dar:[12] «Wenn sie den ganzen Menschen nehmen, und dann sein Haupt, so können Sie natürlich einen Stoffwechsel vom ganzen übrigen Menschen zum Haupt hin verfolgen . . . Aber was geschieht da in Wirklichkeit? . . . Nehmen Sie einmal an, Sie haben eine Flüssigkeit; Sie bringen sie zum Kochen, da verdunstet sie, da geht sie in eine Substanz von grosser Dünnigkeit über. Noch viel intensiver geschieht dieser Vorgang durch das menschliche Denken. Alles das was als Stoffwechsel sich abspielt in dem menschlichen Haupte, bewirkt, dass aller Stoff abfällt, gewissermassen als Bodensatz abfällt und dann ausgeschieden wird, und dass zurückbleibt von ihm das blosse Bild.

Das ist die menschliche Hauptestätigkeit, dass sich die blossen Bilder sammeln und das Materielle ausgeschieden wird. Dieser Prozess vollzieht sich, tatsächlich, in alledem, was man den Übergang des Menschen zum reinen Denken nennen kann. Da fällt gewissermassen zurück in den Organismus alles Materielle, das sich an dem menschlichen Innenleben beteiligt hat, es bleiben allein die Bilder. Tatsächlich ist es so, wenn wir uns zum reinen Denken aufschwingen, in Bildern leben . . .

Was sich da als reine Gedanken, als sinlichkeitsfreie Gedanken heraussondert aus dem materiellen Prozess . . .», war der «instinktiven Weisheit der Alten» noch nicht möglich, es wurde aber schon damals dem Menschen im Bilde der Mythen und Sagen vorgeführt.

Die Herakles-Sage gehört zu diesen grossartigen Bildern, durch die die Menschheit vorbereitet wurde, das künftige, neue Geisterkennen dem inneren Auge zu erschliessen. Herakles, durch die Feuerkraft geläutert, nachdem er die zwölffachen Proben bestanden hat, hebt sich zur Welt des Göttlichen empor, vernichtet die Fesselung an den Leib, den materiellen Stoff, und mit Donner- und Blitzgewalt erscheint er als der neue Geistesheld im Kreise der Götter, er wird als neues Glied der Gottheit aufgenommen in die geistige Weltenlenkung der Zukunft. Was sterblich war an ihm, hat sich zu Asche verflüchtigt, ist als Materie vernichtet worden, – und so, wie sich der Phönix aus der Asche erhebt, «werden die Menschen in ihrer Fortentwicklung frei werden von der Verleiblichung der Gedanken», wenn sie zum reinen, sinnlichkeitsfreien Denken aufsteigen.

An diese Frage werden wir in unserem letzten Kapitel, «Vom mythologischen Bewusstsein zur modernen Erkenntniswissenschaft» wieder anknüpfen.

Von Athene empfangen, zu Zeus geleitet, von Hera versöhnlich aufgenommen, gab diese ihm ihre Tochter Hebe zur Gemahlin, die Göttin der ewigen Jugend. Herkules hatte seine gewaltige Mission beendet, auf den das Griechentum mit tiefster Ehrfurcht und Ergriffenheit hinschaut als den Geistesheld, der es von der Vergangenheit des Erdenwerdens in die Weltenzukunft hineinführen will.

Ein Beispiel aus Goethes Metamorphosenlehre: Der Zwischenkiefer bei Mensch und Rind

In der Samenbildung erreicht die Pflanzennatur ihre höchste Reifung. Zugleich aber verleiht sie ihr Dauer. Mit ihrer Mineralisierung wird sie erdverwandt. Der Same wird zum Abbild der Winternatur der Erde.

Ein Ähnliches haben wir in der menschlichen Zahnbildung vor uns. Mineralisierung, Verfestigung, Dauer kennzeichnen die Zähne. Sie gliedern sich dem Kopfpol ein, werden ein Teil seiner plastischen Formkräfte, der Ruhe, dessen er bedarf, um die ihm ähnlichen Sinnesorgane, das Gehirn, zu bilden, die der Entfaltung des Bewusstseins dienen. So sind auch die Zähne den Voraussetzungen für die Bewusstseinsprozesse eingegliedert, der Zurückdrängung der Lebensorganisation, der Bewegung der Stoffwechselorgane. Ihr dienen die Hohlbildungen des Magens, des Darmes. Stofferfüllung, - Stoffverdichtung bis zur grössten Verhärtung hin bei der Zahnbildung, Stoffentleerung in der Magen-Darmorganisation, Auflösung, Dynamik als Gegenpol. Geistbefreiung - Geistbindung, - Abbau und Aufbau, - Geistdurchlässigkeit - Geistundurchlässigkeit, - so stellen sich diese Gegensätze dar.

Um ein näheres Verständnis dieser Polarität anzubahnen, wollen wir wieder bei Goethe um Rat nachfragen. Er hat nicht nur in seiner «Metamorphose der Pflanzen», sondern ebenso der «Metamorphose der Tiere» das Wesen des Organismus darzustellen versucht, das gemeinsame Urbild finden, das allen Gestaltungen zugrunde liegt, das in allen Einzelheiten erscheint. Damit suchte Goethe nach der Idee des Pflanzlichen, des Tierischen, die der blossen Sinnesbeobachtung nicht zugänglich ist. Denn sie wurzeln im Übersinnlichen und bedürfen einer sinnlich-übersinnlichen Beobachtungsfähigkeit.

Wollen wir also zu der Idee der Bezahnung, als einer Einzelheit, durch die das Ganze in Erscheinung tritt, vordringen, - und ebenso zu der Idee der Magen-Darm-Organisation, - so müssen wir den Versuch machen, unsere Beobachtungsschritte in diese Richtung zu lenken.

Auf diesem Wege wurde für Goethe auch eine solche Einzelheit wichtig, die sich für unser Bemühen gleichfalls als bedeutsam erweisen wird: seine Forschungen über den Zwischenkieferknochen.

Niemals wäre es für Goethe wesentlich gewesen, einen für den heutigen Menschen so unwichtigen Knochen zu entdecken, wie den «Zwischenknochen», wie er ihn nannte, das Os intermaxollare. Sondern getreu seiner

Anschauung: «Alle Glieder bilden sich aus nach ew'gen Gesetzen, und die seltenste Form bewahrt im Geheimen das Urbild», musste Goethe davon überzeugt sein, dass auch der Mensch einen solchen Knochen besitzt. Der Ansicht seiner Zeitgenossen, der fehlende Knochen unterscheide den Menschen vom Tier, konnte er grundsätzlich nicht zustimmen, weil dies gegen seine Idee verstossen würde, allen Tiergattungen und auch der Menschengattung läge eine gemeinsame Urgestalt zugrunde. So konnte sich der menschliche Bau nur dem Grade der Vollkommenheit nach von dem tierischen unterscheiden, nicht aber in Einzelheiten, wie dem Fehlen oder Vorhandensein eines solchen Knochengebildes. Tatsächlich hat Goethe bei seinem mit bemerkenswerter Sachkenntnis betriebenen Schädelstudien den menschlichen Zwischenkieferknochen entdeckt und exakt beschrieben. Er schickte seine Abhandlung darüber an dem mit ihm verbundenen Anatomen Camper, der diese im Jahre 1896 unter dem Titel veröffentlichte: «Dem Menschen wie den Tieren ist ein Zwischenknochen der oberen Kinnlade zuzuschreiben.»[23)]

In dieser Schrift lesen wir im Hinblick auf die Tatsache, dass der Zwischenknochen beim Menschen verwachsen und daher der unmittelbaren Beobachtung sich so lange entzogen hat, folgende methodisch bemerkenswerten Sätze: «Die Ursache (für diesen Zustand) scheint mir hauptsächlich darinnen zu liegen: dieser Knochen, der bei Tieren so ausserordentlich vorgeschoben ist, zieht sich bei dem Menschen in ein sehr kleines Mass zurück. Man nehme den Schädel eines Kindes oder Embryonen vor sich, so wird man sehen, wie die keimenden Zähne einen solchen Drang an diesen Teilen verursachen und die Beinhäutchen so spannen, dass die Natur alle Kräfte aufwenden muss, um diese Teile auf das innigste zu verweben. Man halte einen Tierschädel dagegen, wo die Schneidezähne so weit vorwärts gerückt sind und der Drang sowohl gegeneinander als gegen den Hundszahn (Eckzahn) nicht so stark ist.»

Eine solche Darstellung macht Goethes Methode besonders deutlich: zu vergleichen, die Wechselwirkungen der einzelnen Teile zu beobachten und die Phänomene selbst sich aussprechen zu lassen. Goethe konnte also mit der Entdeckung dieses Knochens aufzeigen, was ihm innerstes Anliegen war: «fehlen darf er nicht, wenn nicht in der Natur ein Riss geschehen soll, wodurch die konsequente Ausgestaltung eines Typus gestört würde.» Mit diesen Worten charakterisierte Rudolf Steiner in seiner Einleitung zur Herausgabe der naturwissenschaftlichen Schriften Goethes (1894) dessen Entdeckung und bemerkt an anderer Stelle: «Nun bedingt eine solche Grundanschauung aber, dass jedes Organ, jeder Teil eines Tieres sich im

Menschen müsse wiederfinden lassen, nur in die durch die Harmonie des Ganzen bedingten Schranken **zurückgedrängt.** Ein Knochen z. B. muss allerdings bei einer bestimmten Tiergattung zu seiner besonderen Ausgestaltung kommen, muss sich hier **vordrängen.**»[23)]

Erst bei den Säugetieren tritt eine deutliche Differenzierung der Zahnbildungen in 3 Gruppen auf: die Schneidezähne, Eckzähne (Hundszähne) und Backenzähne. Gleichzeitig entwickelt sich auch die Wurzelbildung der Zähne als feste Verankerungsform in den Kieferknochen. Vorher, bei niedrigeren Tierformen, herrscht noch ein permanenter Zahnbildeprozess vor, wofür der Haifisch ein auffallendes Beispiel bildet. Jetzt geschieht der Übergang zu einer festbegrenzten Anzahl von Zähnen. Aber ebenso geht die Zahnbildekraft als Ganzes zurück. Weder können neue Zähne gebildet werden über das arteigene Mass hinaus, noch können defekte regeneriert werden, - das ist das Endergebnis dieser Entwicklung. Den Zähnen, die zu den härtesten Organen des Körpers werden, geht sowohl die Reproduktionskraft wie die Regenerationskraft verloren. Wohl weisen sie beim Menschen eine lange Bildezeit auf: beginnend in den ersten Embryonalmonaten, setzt sich diese Bildekraft bei den beiden Zahngenerationen mit insgesamt 52 Zähnen, wenn man den letzten Nachzügler, den sog. Weisheitszahn mitrechnet, bis ca. zum 20. Lebensjahr fort. Doch schon in der Periode des Zahnwechsels um das 7. Lebensjahr erlischt ihre Hauptbildekraft im Physischen, sie wird aus der organischen Sphäre entlassen. Gerade um diese Zeit aber wird das Kind schulreif, d. h. es gewinnt die Fähigkeit der geistigen Entwicklung, der Ausbildung der Seelenkräfte, der Erziehung und Bildung auf seelisch-geistigem Felde.

Schon vor dieser Entlassung, diesem Freiwerden der Zahnbildekräfte von der physischen Gestaltung wird aber deutlich, wie die Zähne beim Menschen eine Doppelfunktion erfüllen lernen: sie stehen sowohl im Dienste der Ernährung, der Verdauung, wie der Sprachbildung. Sie bauen die Nahrung in einem ersten grossen Schritt ab, und werden zugleich die Werkzeuge zum Aufbau, zur Gestaltung der menschlichen Sprache. Nach unten erfüllen sie eine Stoffwechselfunktion, nach oben vermitteln sie eine Bewusstseinsfunktion. Sie treten damit in den Dienst der Polarisierung des Menschen in ein Stoffwechsel-Gliedmassenpol und einen Nerven-Sinnespol.

Im Folgenden soll uns diese Polarität insbesondere im Hinblick auf unser Thema der Bedeutung der Ernährungsformen für die Bewusstseinsentwicklung beschäftigen. Dafür bietet sich ein Vergleich, der mit den Zahnbildungen verbundenen Funktion beim Menschen mit der Tiergattung an, die wir als besondere Ausgestaltung des Stoffwechselsystems bezeichnen können, dem **Rind.** Ist es uns doch schon im nordischen Mythos als die Milchkuh Audumla begegnet. Es wird sich aber zeigen, dass das Rind zwei wichtige Funktionen erfüllt, als Spender der Milch wie des Mistes als Grundlage für die Pflanzendüngung. In besonderm Masse entwickelt sich die Stoffwechselorganisation des Rindes im Zusammenhang mit seiner Zahnbildung und der Ausgestaltung seiner Magen-Darmorganisation und bildet auch hier eine echte Polarität zum Menschen.

Folgen wir den Ergebnissen der modernen archäologischen Zahnforschung, so tritt uns zunächst als das sog. ursprüngliche Säugergebiss die Zahnformel entgegen:

$$\left.\begin{array}{ll} \text{Oberkiefer:} & 3\,J\,1\,C'\,4\,P\,4\,M = 12 + 12 = 24 \\ \text{Unterkiefer:} & 3\,J\,1\,C'\,4\,P\,4\,M = 12 + 12 = 24 \end{array}\right)\; 48$$

Dieses Gebiss enthält demnach bei gleichartiger Anordnung oben und unten je 3 Schneidezähne, 1 Eckzahn, 4 vordere und 4 hintere Backenzähne, insgesamt also 48 Zähne.

Demgegenüber finden wir beim Menschen heute eine Reduktion auf 32 Zähne in folgender Anordnung:

$$\left.\begin{array}{ll} \text{Oberkiefer:} & 2\,J\,1\,C\,2\,P\,3\,M = 8 + 8 = 16 \\ \text{Unterkiefer:} & 2\,J\,1\,C\,2\,P\,3\,M = 8 + 8 = 16 \end{array}\right)\; 32$$

Wir sehen, die Reduktion erstreckt sich gleichmässig auf Ober- und Unterkiefer, und betrifft die Schneide- und Backenzähne. Es findet eine Entlastung der Gesamtkieferbildung statt.

Vergleichen wir diese Gebissformel mit der des Rindes, so zeigt sich folgendes bemerkenswertes Ergebnis:

$$\left.\begin{array}{ll} \text{Oberkiefer:} & O\,J\,3\,P\,3\,M = 6 + 6 = 12 \\ \text{Unterkiefer:} & 4\,J\,3\,P\,3\,M = 10 + 10 = 20 \end{array}\right)\; 32$$

Dabei fällt zuerst auf, dass die Gesamtzahl beim Menschen- wie Rindergebiss mit 32 Zähnen die gleiche ist. Jedoch tritt eine deutliche Umgruppierung ein: oben eine Entlastung: es fehlen die Schneidezähne und der Eckzahn. Unten jedoch eine markante Belastung: es erscheinen 4 Schneidezähne, während die Backenzähne zahlenmässig gleich bleiben. Die Eckzähne fehlen oben wie unten.

Wir stehen vor einer doppelten Metamorphose: von oben nach unten, wie zwischen Mensch und Rind.

Versuchen wir diese mit Goethes Methode anzuschauen, so ergeben sich daraus für unser Thema bedeutsame Feststellungen.

Einen der wichtigsten Kernsätze dieser Methode hat Goethe wie folgt formuliert: «Allein noch wäre zu wünschen, dass zu einem schnelleren Fortschritt der Physiologie im Ganzen die Wechselwirkung aller Teile eines lebendigen Körpers sich immer aus den Augen verlöre, denn bloss allein durch den Begriff, das in einem organischen Körper alle Teile auf einen Teil hinwirken und jeder auf alle wieder seinen Einfluss ausüben, können wir nach und nach die Lücken der Physiologie auszufüllen hoffen.»

Kehren wir mit diesem Rüstzeug noch einmal zu dem Zwischenkieferknochen zurück. Beim Menschen verbirgt er sich durch seine Kleinheit, er verwächst mit dem Oberkiefer, der als Träger der oberen Schneidezähne erscheint. Gesamthaft ordnet er sich ein in die Nerven-Tendenz des Kopfes, zieht sich aber gleichzeitig als leibliche Bildung zurück, wird «zurückgedrängt», «um einer anderen Bildung Platz zu machen». Er ordnet sich ein in die Harmonisierung der Bezahnung, der Differenzierung und dem Zurücktreten der Masse, der Schwere, des Lastenden. Seine Formumwandlung stellt sich in den Dienst des Aufwärtsstrebenden , der Leichtekräfte, die zugleich Aufrichtekräfte sind.

Über diese Symptomatik hat Rudolf Steiner in seinem 1. Medizinischen Kurs gleich im 1. Vortrag gesprochen.[8)] Schon im Vergleich des menschlichen mit dem Gorilla-Schädel kann uns die unterschiedliche Ausgestaltung des Unterkiefersystems auffallen: «Das Unterkiefersystem steht gewissermassen als Lastendes im ganzen Kopfskelette drinnen, und man hat das Gefühl, wenn man den Gorillakopf ansieht, mit seinem mächtigen Unterkiefer, dass dieses Unterkiefersystem in irgendeiner Weise lastet, nach vorne drückt das ganze Skelett ...». Gegenüber diesem Lastenden kann der Gorilla «sich nur mit einer gewissen Anstrengung» aufrecht erhalten. Beim Menschen hingegen, wo die Masse im Schädel (und als Abbild davon im Zwischenkieferknochen) zurücktritt, tritt überall «ein Aufwärtsstrebendes» auf. Diese Kräfte bringen ihn «zur Aufrichtestellung», aber so, dass die in der Aufrichtestellung wirkenden Kräfte zugleich Bildekräfte sind.» Diese Bildekräfte, die aus der leiblichen Organisation entlassen werden, diese zurückgeschobenen und zurückgedrängten Schwerekräfte treten beim Menschen physiologisch in der Ausbildung des Arm- und Fingerskelettes in Erscheinung. Sie entlasten die oberen Gliedmassen gleichfalls von der Schwere, erlauben ihnen aber die Ausübung ganz neuer Funktionen, im Dienste der Gestik, im Zusammenwirken mit der Sprache, aber auch zur Ausbildung einer eigentlichen Essenskultur, indem sie in verfeinerter Art tierische Funktionen des Ergreifens der Nahrung übernehmen.

Ganz in die andere Richtung weist uns hingegen das Rind. Sein Haupt neigt sich unablässig der Schwere zu, der Unterkiefer wird mit zusätzlichen Zahnbildungen belastet, die Gliedmassen sind der Schwere unterworfen und sein ganzer Leib, seine Stoffwechselorganisation, bestimmt seine Haltung und Bewegung. Während die Menschenform wachbewusstseinsorientiert ist, erscheint die Leibesorganisation des Rindes traum- und schlaforientiert.

Was aber geschieht mit dem Verlust der oberen Schneidezähne als Bildungen des Zwischenkiefers?

Auf diese Frage finden wir auch schon bei Goethe eine erste Antwort. In seiner «Metamorphose der Tiere» schrieb er folgende Verse:

> «Siehst Du also dem einen Geschöpf besonderen Vorzug Irgend gegönnt, so frage nur gleich, wo leidet es etwa Mangel anderswo, und suche mit forschendem Geiste. Finden wirst Du sogleich zu aller Bildung den Schlüssel.»

Indem Goethe hier seine Methode ankündigt, legt er sogleich in den nachfolgenden Versen ein Resultat vor:

> «Denn so hat kein Tier, dem sämtliche Zähne den oberen Kiefer umsäumen, ein Horn auf der Stirne getragen
> Und daher ist den Löwen gehörnt der ewigen Mutter
> Ganz unmöglich zu bilden, und böte sie alle Gewalt auf:
> Denn sie hat nicht Masse genug, die Reihen der Zähne
> Völlig zu pflanzen und auch ein Geweih und Hörner zu treiben».

Diese Darstellung gibt in der Tat den Schlüssel für unser Problem. Wir erkennen nämlich beim Rind eine doppelte Metamorphose. Einerseits sehen wir nach unten eine enorme Ausgestaltung der Magen-Darmorganisation sich entfalten, die das Rind zum eigentlichen Verdauungstier macht. Wo also oben - in der Reduktion der Zwischenkiefer-Zähne - ein «Mangel» auftritt, bildet sich im Stoffwechselraum eine mächtige Verdauungsorganisation aus. Diese macht das Rind zum Milchtier und zum Düngertier.

Nach oben jedoch tritt an die Stelle des Zahnmangels tatsächlich die Hornbildung auf, die nun ihrerseits wieder sich im Wechselwirken zeigt zu der unteren Organisation.

Es tritt hier das Gesetz der «Korrelation» oder «Kompensation der Organe» in Erscheinung. Doch müssen wir dabei beachten, dass es falsch wäre, etwa nach dem Zweck solcher Organe wie der Hörner zu fragen. Vielmehr sollte an Stelle der Frage: Wozu hat der Stier Hörner? die angemessene treten: «Wie kann er Hörner haben? Durch welche Gesetze tritt in dem Stier das Urtier als hörnertragende Form auf?»[2)] Mit diesen Fragen, die Rudolf Steiner im Sinne Goethes formulierte, werden wir realer auf die richtige Antwort gewiesen, denn wir betrachten sie dann im Hinblick auf die «Kompensation» und die Wechselwirkung der Organe.

Während das Rind nach oben nur ein kleines Gehirn ausbildet, stülpt es die mächtigen Hornbildungen aus der Stirn. Diese stellen eine organische Bildung der Haut, also der Sinnes-Nervenorganisation verwandt, dar. Man kann sie als verdichtetes Eiweiss betrachten, dessen chemische Grundlage als Keratin bezeichnet wird. In ähnlicher Art bilden sich an den Gliedmassen des Rindes die Klauen aus.

Solche Substanzen sind im Tierreich weit verbreitet. Bezeichnenderweise finden wir sie im niedern Tierreich, z. B. bei Reptilien, als Hornzähne, die erst bei den höheren Tieren durch die Dentinzähne, d. h. durch echte Verknöcherung abgelöst werden. Das Eiweiss der Hörner weist jedoch noch auf eine lebendige Bildekraft hin. Entsprechend können wir ihre Tätigkeit begreifen lernen, wenn wir ihre Sinnesfunktion und das ersterbende Leben ihrer Substanz in Betracht ziehen. Rudolf Steiner hat darüber in seinem «Landwirtschaftlichen Kurs» (1924)[24)] das Folgende mitgeteilt: «Da wird ein Ort gebildet, der in besonders starker Weise die Strömungen nach innen sendet, da werden die Tore für das nach aussen Strömende vollständig geschlossen.» D. h. das Rind übt durch seine Hörner eine Art Wahrnehmungsfähigkeit aus, sie sind gleichsam Sinnesorgan für die kosmische Umgebung. «Die Kuh hat Hörner, um in sich hineinzusenden dasjenige, was astralisch-ätherisch gestalten soll, was da vordringen soll beim Hineinstreben bis in den Verdauungsorganismus.» Hier wird das Wechselwirken zwischen oben und unten deutlich, und wir können uns klarmachen, was sich eigentlich in dem Magen-Darmtrakt des Rindes vollzieht. Ganz im Gegensatz zum Menschen tritt hier nicht ein solcher Abbau, sondern vielmehr ein kosmischer Belebungsprozess, besonders in den verschiedenen Mägen, auf. Die Zähne dienen dem Wiederkäuer der rhythmischen Durchtränkung mit einer enormen Speichelmenge, die das Rind täglich absondert. Sie beträgt bei Trockenfutter täglich zwischen 40-60 l, wohingegen der Mensch nur 1-1,5 l produziert. Allein diese gewaltige Drüsentätigkeit, die Produktion solcher Speichelmengen, lässt auf ihre

Polarität zum Menschen schliessen. Diese dient auch ausschliesslich dem Stoffwechsel, während der Mensch den Speichel ebenso zum Sprechen benötigt.

Die eigentliche Magenorganisation des Rindes gliedert sich in 4 Vormägen und erst der letzte, 5. Abschnitt ist dem menschlichen Magen vergleichbar. Dabei ist der Pansen der grösste, fasst er doch beim erwachsenen Rind bis zu 200 l. Er ist reichlich mit Muskeln versehen, die eine ausserordentlich starke rhythmisch-peristaltische Bewegung hervorrufen. In einer Beschreibung dieser Tätigkeit heisst es: «Die Bewegungen sind so intensiv, dass man das Rauschen von Sturzwellen hören kann, wenn man das Ohr an die Seite des Tieres legt.»[25] In diesen Mägen leben zugleich eine ungeheure Zahl verschiedener Mikroorganismen, die dem Umbau des Futters dienen. Erst der letzte Magenabschnitt, der Labmagen, enthält dem Menschenmagen vergleichbare Drüsen, die Säure produzieren.

Aus diesen wenigen Andeutungen können wir entnehmen, wie intensiv, sowohl räumlich wie zeitlich, das Verdauungsgeschäft des Rindes ist, dass es das eigentliche Wesen des Rindes ausmacht. «Es ist das gründlichste Verdauungsgeschäft, das man sich denken kann ... Die Kuh ist gründlich Tier. Sie bringt tatsächlich das Tiersein, diesen Tierorganismus, diese Tier-Ichheit aus dem Weltenall auf die Erde, in dem Bereich der Schwerkraft der Erde herunter.»[20]

Mit diesen Worten charakterisiert Rudolf Steiner das Wesen des Rindes. Aber wir werden durch sie auf weitere wichtige Gesichtspunkte aufmerksam. In dieser enormen Verdauungstätigkeit verkörpert sich die «Idee» des Rindes, es betätigt sich das Durchdringen der übersinnlichen Tierwesenheit, in der seine ganze unterbewusste Triebnatur sich auslebt, der «Tieregoismus». Aber das ist zugleich eine kosmische Kraft, die nicht sich, wie beim Menschen, individualisiert, sondern das Rinderdasein als eine geistige durchzieht. Aller Stoffwechsel, auch beim Menschen, ist von solcher unterbewusster Geisttätigkeit erfüllt, die gerade das Rind, das ihr ihren ganzen Raum und ihre ganze Zeit einräumt, von so gewaltigen Ausmassen ist, während der Mensch diese Tätigkeit ständig zurückdrängt. Könnte die Kuh darüber erzählen, sie würde die herrlichsten Träume, die wunderbarsten Bilderwelten darstellen, gegen die die menschlichen Mythen der Vorzeit nur ein schwacher Abglanz sind. «Und, so sonderbar es klingt, dieses Verdauungstier besteht eigentlich wesenhaft aus geistiger Substanz, in die nur eingespannt und eingestreut ist die physische Materie, die aufgezehrt wird.»[21] Diese Geistsubstanz strömt der Kuh durch ihre Hörner zu. In ihren Mägen, ihrem Darm durchdringt sie sich mit diesen ausserirdischen Kräften, bereitet vor den milchbildenden Prozess und den düngerbildenden Prozess. Weil das Rind fast ganz aufgeht in diesen beiden Tätigkeiten, kann es diese beiden Substanzen in einer solchen Qualität hervorbringen. Denn es benötigt nur wenig zur substanziellen Versorgung seines Sinnes-Nervensystems. Und weil das Rind nur teilnehmen kann an den Kräften der allgemeinen Rinder-Idee und diese nicht individualisieren kann in seinem Leib, durchdringt sie ihre Absonderungsprodukte mit dem, was Rudolf Steiner die «Ich-Anlage» nannte.[24)] Diese Kräfte verleihen dem Dung aber gerade seine einzigartige Qualität, nun über den Boden in Wechselwirkung mit den Wurzeln der Pflanze zu treten und diesen wiederum die Qualität mitzuteilen, auf die Ich-Tätigkeit im menschlichen Gehirn einzuwirken. Und die Milch der Kuh wird auf diesem Wege zu der unvergleichlich wertvollen Substanz, über das Gehirn den ganzen Menschen zu ernähren. Das tritt uns in dem mythischen Bild der Kuh Audumla entgegen, die den Riesen Ymir ernährt. Diese Schöpfung verdankt die Menschheit der Abelströmung.

Werfen wir aber nun einen Blick auf den Menschen, so erkennen wir die volle Polarität dieser Prozesse.

Der zurückgedrängte Zwischenkieferknochen bringt zwar die oberen Schneidezähne hervor. Doch diese dem Absterben nahen Bildungen werden nun, wie wir schon erwähnten, nicht nur in den Dienst der Verdauung gestellt, wo sie bereits das Zerstörungswerk der Natur beginnen, - sie dienen zugleich der Sprachbildung, also einer seelisch-geistigen Tätigkeit. Durch ihre extreme Mineralisierung - das Dentin und der sog. Schmelz weisen den grössten Härtegrad des menschlichen Leibes auf - gelangen sie in die gleiche Sphäre, wie die Nervenbildung. Und in diesem Sinne nehmen sie auch Teil an der Gehirntätigkeit. In dem Aufbauen und Überwinden dieses Mineralisierens kann sich die individualisierte Ichkraft ausleben, darum wird nicht nur die menschliche Zahngestalt individuell, sondern sie durchdringt auch die menschliche Gedankenwelt mit individuellen Kräften. Wir denken tatsächlich auch mit den Zähnen, mit ihrer nicht mehr für die physische Betätigung benützten Bildekraft. Und die richtige Verdauung und Ernährung sondert ständig Substanz ab zum Aufbau des Gehirns. «Was ist Hirnmasse?» so fragt Rudolf Steiner. «Die Hirnmasse ist einfach zu Ende geführte Darmmasse ... ein fortgeschrittener Dunghaufen ist das im Gehirn sich Ausbreitende.»[24)] Durch den im Magen- und Darm sich fortsetzenden Entvitalisierungsprozess drängt der Mensch aber ebenso seinen ganzen Stoffwechsel gegenüber der Nervenbildung zurück. Magen und Darm sind reduziert gegenüber dem Tier und ganz besonders gegenüber dem Rind. Dennoch müssen wir in der Magenbildung zunächst eine Polarität zu der Zahnbildung erkennen. Wir erwähnten es schon: hier Substanzerfüllung - und Verdichtung, - dort Substanzentleerung - und Auflösung. Dieser Hohlraum hat eine saugende Wirkung. Er dient dem Verlangen nach Füllung, nach Sättigung, dem Geniessen der Nahrung. Als Säurebildungsorgan durchsetzt er seinen Inhalt mit seelischen Kräften. Die «Idee» des Magens ist das Welten-Kama, wie der alte indische Ausdruck lautet, den Rudolf Steiner mit «Astralkörper» übersetzte. «Würde der Astralkörper nicht diese ganz bestimmte Ausprägung haben, die er im Menschen hat, dann würde auch nicht dieser menschliche Verdauungsapparat mit dem Magen diese bestimmte Form haben, die er heute hat.» Die «Gier nach Sein», das Kama, schuf den Magen, der nun dienen konnte, zusammen mit seiner Polarität, den Zähnen, der Bezwingung der festen Nahrung, der Wurzelnahrung als Erdennahrung, wie auch der Getreidenahrung, aber ebenso der Fleischnahrung.

Die menschlichen Organe sind aber alle unfertig, d. h. entwicklungsfähig. Im Falle des Magens heisst das, dass der Mensch nicht dazu verurteilt ist, der «Gier nach Sein», dem Nahrungstrieb, der Genussucht blind zu huldigen oder zu verfallen, sondern die Wandlungskraft der Organe selbst erlaubt ihm, auch sie in den Dienst einer Höherentwicklung zu stellen. Sie ist schon in dem «Kama» selbst enthalten. Denn Kama deutet zugleich den Weg der Entwicklung zur Befreiung von den Naturgrundlagen an. Es ist läuterungsfähig, bis in die organische Tätigkeit hinein. Der Magen kann sich durch das mit Hilfe der Zähne entwickelte Bewusstsein belehren lassen. Darauf beruht letztlich die menschliche Essenskultur, die Möglichkeit, das Zwingende organischer Prozesse zurückzudrängen. Hätten wir nicht diese Fähigkeit, so müssten wir uns - den Tieren ähnlich, aber noch gesteigert durch das menschliche Ich-Bewusstsein, - auf jede Nahrung stürzen, die in unseren Blickkreis gelangt, oder ebensolchen Ekel empfinden gegen irgendeine Speise. In krankhaften Zuständen kann eine solche Entartung tatsächlich auftreten.

Werfen wir noch einen Blick auf die Darmbildungen, so zeigt sich uns eine entsprechende Polarität. Die Därme sind ganz Bewegung, dienen der Auflösung, der Aufsaugung, der Ausscheidung und Erhaltung zugleich. Was in der menschlichen Verdauung im Darm hineingeführt wird bis in die Chaotisierung, bis in die Vernichtung, bildet den Ausgangspunkt für den Neuanfang, die Schöpfung leibeigener Substanz. Und auf diese ist in erster Linie das Gehirn angewiesen, das einer ständigen hochwertigen Nahrung bedarf. In der Phase der menschlichen Evolution, die die Entwicklung des

Gehirns zu einem dominierenden Organ ermöglichte, musste gleichzeitig auch die menschliche Magen-Darmorganisation befähigt werden, die Nahrung so zu bewältigen, dass die «Gehirnmasse zur fortgeschrittenen Darmmasse» sich wandeln konnte. Dazu aber war wiederum die Fähigkeit zur Schaffung und Gestaltung einer solchen Nahrung nötig, wie sie in der fünffachen Form der Blüten-Frucht-Blatt-Wurzel- und Samennahrung vorliegt, und andererseits die Nahrung aus tierischen Produkten. Kain der Ackerbauer und Abel der Viehzüchter mussten in der Menschheitsgeschichte fortwirken. In der Entwicklung der Ernährungsformen findet also ein ständiges Wechselwirken zwischen ihnen und dem Bewusstseinswandel statt. Beide sind zugleich oder auch abwechselnd als Ursachen oder Wirkungen tätig.

Im Rinderdarm sehen wir aber eine ganz andere «Idee» verwirklicht. Hier wird die ungeheure Stoffwechselaktivität nicht zur Umwandlung in eine Gehirnmasse verwendet. Vielmehr findet eine Metamorphose nach unten statt, in der Zubereitung der Düngermasse. Dafür wird die Strahlungskraft der Hörner wirksam. Und in verwandelter Form erscheint aus dem Stoffwechsel herausgehoben die Milch. Das Fleisch des Rindes hingegen erscheint eher als Nebenprodukt. Das zeigt auch seine unökonomische Erzeugung im Verhältnis zu der notwendigen Futtermenge, während in der Milcherzeugung die Kuh höchst ökonomisch arbeitet. Dem allen liegt zugrunde, dass das Rind gleichsam auf eine Gehirnbildung verzichtet zugunsten der Gehörnbildung. Das Kuhhorn ist es darum auch, das bei der Veredelung des Rindermistes, wie sie in der biologisch-dynamischen Wirtschaftsweise geschieht, eine so bedeutsame Rolle spielt. Es setzt dann seine Fähigkeit, kosmische Kräfte aus dem Umkreis zu konzentrieren fort und verleiht dann dem so entstehenden Präparat eine verintensivierte Düngekraft. Man sieht, wie hier durch das Durchschauen der Naturprozesse diese fortgesetzt werden, um damit neue Nahrungsqualitäten zu erzeugen. Es werden also gleichsam die Hörner des Rindes gefordert, um der «Idee des Urrindes» Möglichkeiten zur Erscheinung zu geben.

Kehren wir aber noch einmal zum Menschen zurück, um einen weiteren Aspekt zu beleuchten.

Wenn wir vor dem Entvitalisierungsprozess der Zahnbildung gesprochen haben, so bedeutet dies gleichzeitig die Fähigkeit einer seelisch-geistigen Entwicklung wie auch die Möglichkeit einer krankhaften Entartung. Einerseits wird die ins Extrem getriebene Mineralisierungs- und Verhärtungstendenz der Zähne einen physiologischen Aspekt möglicher Sklerotisierung darstellen, - die eine Seite der pathologischen Abirrung.

Aber auch der Zahnverfall, die Kariesbildung, ist hier in Betracht zu ziehen, von der der Mensch latent bedroht wird. So sehr diese von aussen, durch unzureichende Nahrungsqualität - gefördert wird, sie könnte nicht Platz greifen ohne die innere Disposition dafür. Und diese hängt gerade mit der Fähigkeit der Zähne zusammen, ihre Bildekräfte aus dem organischen Bereiche zu entlassen und als Denkkräfte zu verwenden. Rudolf Steiner machte den Ärzten klar, dass die Veranlagung zur Karies mit der Fähigkeit zum intellektuellen Denken zusammenhängt. Daher sehen wir auch oft, dass z. B. schwachsinnige Kinder gute Zähne haben, ebenso die Rassen, die das intellektuelle Denken noch nicht so stark ausgebildet haben.

Bedeutsam ist aber, dass der Zahnbefund wesentlich von dem Wechselwirken, dem Gleichgewicht zwischen den oberen und unteren Organen, den Zähnen und der Magen-Darmorganisation bestimmt wird. Ist die Darmperistaltik zu lebhaft, geht die Verdauungstätigkeit zu schnell vor sich, so wird der Arzt prophylaktisch «die Verdauung beruhigende Mittel»[8)] verabreichen. Dies gilt besonders für das Kindesalter. Und ebenso werden wir ein bedeutsames Wechselspiel zwischen der Gliedmassen-Tätigkeit und der Zahnbildung beobachten können. Auch hier empfahl Rudolf Steiner z B. pädagogische Massnahmen: wenn wir beobachten, dass ein Kind ungeschickt in der Bewegung der Arme und Hände, Beine und Füsse ist, so können wir durch Handarbeiten wie Stricken, Häkeln etc. die Geschicklichkeit fördern und dadurch auch vorbeugend auf die Zahngesundheit einwirken. In gleicher Richtung liegt das Erlernen und Üben im kunstvollen Bewegen der unteren Gliedmassen mit dem sog. Kiebitz-Schritt. Weitere Hinweise in dieser Richtung gelten einer speziellen heileurythmischen Übung mit Armen und Händen zur Förderung des Zahndurchbruchs, bei Kieferanomalien etc.

Wir erwähnen diese Dinge hier, um besonders aufmerksam machen zu können auf die konkrete Anschauung und praktische therapeutische Anwendung der Erkenntnis dieser grossen Polarität zwischen der Zahnbildung und der Stoffwechsel-Gliedmassenorganisation.

Es ergibt sich aber durchaus eine weitere, bedeutsame Einsicht. Wenn wir von der Bewusstseinsorientierung der menschlichen Organisation gesprochen haben, so zeigt sich an dieser Stelle etwas, worauf schon Goethe durch seine Anschauung von Natur und Mensch geführt wurde. Wir deuteten schon an, dass die Verhärtungs- und Verfestigungstendenz im menschlichen Haupt die Möglichkeit zu pathologischer Entartung in sich trägt, zur Sklerotisierung. Goethe sucht ein Verständnis für das Pathologische zuerst am Pflanzenreich zu gewinnen. Er machte klar: «Die Natur bildet normal ..., abnorm aber sind die Erscheinungen, wenn die Einzelheiten obsiegen und auf eine willkürliche, ja zufällig scheinende Weise sich hervortun.»[2)] Als Normales, Gesundes bezeichnete Goethe «ein physiologisch Reines», - aber «das Abnorme ist nicht gleich als krank oder pathologisch zu betrachten.» In der lebendigen Natur findet ständig ein «Schwanken zwischen Abnormem und Normalem» statt. Das Gleichgewicht ist also labil, dynamisch. Gerade im Pflanzenreich erschien Goethe das «Abnorme» als Ausdruck der Korrelation, der Kompensation, z. B. bei einer abnormen Ausbildung eines Gliedes der Pflanze, der Wurzel, die durch einen «Mangel» an anderer Stelle kompensiert wird. Dafür bildet das Getreide ein wichtiges Beispiel. Beim Weizen, Roggen, der Gerste, dem Hafer ist auffallend, wie die Wurzelbildung einerseits stark hervortritt, dagegen die Blütenbildung zurückgedrängt wird, die Samenbildung wiederum besonders dominiert. Viele der grossen Pflanzenzüchtungen der alten Kulturen beruhen auf dem weisheitsvollen Handhaben dieses Gesetzes, sowohl beim Getreide wie bei den Obstarten. Aber auch die natürlichen Giftbildungen der Pflanzen gehören hierher. Diese Einseitigkeiten der Pflanzen, ihre Besonderheiten, ihre Abnormitäten sind es aber auch, die sowohl für die Ernährung grosse Bedeutung gewinnen, wie auch für die Gewinnung von Heilmitteln. In diesem Wechselwirken zwischen Pflanze und Mensch liegt eines der bedeutsamsten Geheimnisse einer rationellen Ernährungs- wie Heilmittelforschung verborgen. Wir sehen aber zugleich, wie wir auf diese Weise Verständnis gewinnen können für das Abnorme, das Pathologische beim Menschen.

«Im Urorganismus sind alle Glieder ausgebildet und halten sich das Gleichgewicht; die Mannigfaltigkeit des einzelnen entsteht dadurch, dass die Kraft der Bildung sich auf das eine Glied wirft, und dafür die ein anderes in der äusseren Erscheinung gar nicht oder nur andeutungsweise entwickelt.» Mit diesen Worten hat Rudolf Steiner in seiner Schrift «Goethes Weltanschauung»[2)] das grosse Gesetz sichtbar gemacht, das die ganze organische Welt umfasst. Bei der Pflanze werden sich diese Einseitigkeiten dahingehend auswirken, dass sie jeweils vorzüglich auf ein bestimmtes Organ des Menschen, - sei es in der Ernährung oder Heilung - Einfluss nehmen. Beim Menschen haben wir in dem Zwischenkieferknochen eine solche Einseitigkeit kennengelernt, die ihre Kompensation in dem Vorherrschen des Gehirns findet. Dennoch strebt - sowohl im Morphologischen wie im Funktionellen, die menschliche Organisation immer nach einem Gleichgewicht, nach innerer und äusserer Harmonie. So kompensiert er z. B. die Neigung zur Sklerotisierung im oberen Menschen mit einer Entzündungsneigung im unteren. Die Tiere hingegen bilden mehr die Einseitigkeiten aus. Das Rind könnten wir z. B. ein Entzündungstier nennen mit seiner vorherrschenden Stoffwechselorganisation. Aber auch hier tritt eine Art von Gleichgewicht auf: durch die Milchbildung und die Mistbildung. Goethe beschreibt ein solches labiles Gleichgewicht sehr eindrucksvoll: «so entsteht ein Schwanken zwischen Normalem und Abnormem, weil immer Bildung und Umbildung wechselt, so dass das Abnorme normal und das Normale abnorm zu werden scheint ...» Daher ist gerade im Pflanzenreich «das Abnorme nicht gleich als krank oder pathologisch zu betrachten».[2] Beim Menschen wird dieses Gleichgewicht, dieses Schwanken zwischen Normalem und Abnormem, durch die rhythmischen Tätigkeiten in jedem Augenblick hergestellt. Aber wir müssen doch klarmachen, dass die Bewusstseinsbildung, die im Wechselwirken mit dem Wandel der Ernährungsformen sich vollzieht, den Menschen über die Natur hinausführt, ihn erhebt zu der Fähigkeit der Geistentfaltung, der Freiheitsentwicklung. Goethe kam zu dem Ergebnis: der Mensch ist «der grosse Zusammenfluss niederer organischer Kräfte ... die ausgearbeitete Form, in der sich die Züge aller Gattungen um ihn her im feinsten Inbegriff sammeln.» Das heisst aber, das Menschenwesen ist nicht nur auf Polaritäten aufgebaut, sondern auf Steigerung. Denn «in der Herausarbeitung des Geistigen aus dem Materiellen durch die schaffende Natur besteht das, was Goethe Steigerung nennt.» «Steigerung» solcher Art schliesst aber zugleich die Möglichkeit der Krankheit in sich, insofern jede Geistentfaltung das Krankwerden-Können in sich birgt.

In der Metamorphose nach oben - der Zahnbildung, der Gehirnbildung, der Schädelbildung als solcher, wird ein Gleichgewicht zwischen Stoff und Geist hergestellt, mit der Gefahr der Sklerose. Hier findet eine «Annäherung des Stoffes an den Geist»[27] statt. Hingegen wird umgekehrt eine «Annäherung des Geistes an den Stoff» im Stoffwechselprozess vorherrschen, - das Gleichgewicht wird aber dennoch hergestellt durch die Steigerung des Organischen im Blut. Dieses stellt einen organischen Entzündungsprozess dar, in dem auch die Krankheitstendenz verborgen ist.

Wir sehen so drei Gleichgewichte und entsprechend auch drei Steigerungen im Menschen wirksam. Das erste zwischen oben und unten wird die Fähigkeit des Denkens entbinden. Das zweite zwischen unten und oben wird ihm das Wollen entringen. Und beide steigern sich noch einmal in dem dritten Gleichgewicht, das die Mitte des Fühlens hervorbringt.

Johann Jacob Bachofen als Mythenforscher

Wir wollen an dieser Stelle noch eimal zurückkehren an den Ausgangspunkt unserer Betrachtungen. Da hatten wir versucht, zweierlei Dinge abzuklären: erstens welche Methoden geeignet sein würden, unseren Gegenstand zu erforschen, und wie die heutige naturwissenschaftliche Methode nur einseitige und deshalb vielfach irrtümliche Resultate zeitigt. Andererseits haben wir aufgezeigt, dass in der Mythologie eine höchst bedeutsame Quelle überliefert ist, die geistige Entwicklung des Menschen und der Welt zu erforschen, insofern wir auch hier in der Lage sind, angemessene Methoden dafür zu benützen. Dabei liessen wir bereits einen Forscher zu Worte kommen, der im 19. Jahrhundert bedeutsame Wahrheiten auf diesem Felde ergründen konnte: Johann Jacob Bachofen. Wenn er schrieb, dass es möglich sei, «den Inhalt der Mysterien in seiner doppelten physischen und metaphysischen Bedeutung im Gewande der Mythenbilder»[5] darzustellen, so ist er damit ganz nahe an die geistige Wirklichkeit herangekommen, wie sie Rudolf Steiner in diesem Jahrhundert erforscht hat über den Ursprung der Mythologie. Diese Wirklichkeit führt zurück auf das geistige Erkenntnisvermögen der Urmenschheit, wie es als atavistisches, aber sehr konkretes geistiges Anschauungsvermögen noch in die grossen Kulturen Indiens, Persiens und Ägyptens hineingeragt hat. Bewusst geschult in den Mysterienstätten, wurde es in Bilder gekleidet der allgemeinen Menschheit zugänglich gemacht in den Mythen, Sagen, Märchen, die damals noch lebendig veständnisvoll aufgefasst werden konnten und in seiner Art durchaus exakt war, d. h. nicht einer willkürlichen Phantasie entsprang. Es waren Erlebnisse, die den Menschen übersinnlich zuteil wurden, Erinnerungen an das Leben in der geistigen Welt, aber auch auf die physische Welt bezüglich. «Und bis zu einem gewissen Grade war es den Menschen möglich bis zum ägyptisch-chaldäischen Zeitraum hin, also bis in das 8. Jahrhundert der vorchristlichen Zeitrechnung, vieles mitzubringen aus der Zeit, die zwischen Tod und neuer Geburt erlebt wurde.»[9] Das mythische Bewusstsein reichte also heran bis an die Schwelle des Beginns der griechisch-römischen Kultur. Dies ist insofern bedeutsam, als der Demeter-Mythos, auf den wir im Folgenden noch einzugehen haben werden, gerade um die Wende des 8. zum 7. Jahrhundert in der uns überlieferten Form aufgezeichnet wurde.

Wenn wir im Folgenden uns der genannten Persönlichkeit, Johann Jacob Bachofen, näher zuwenden, so geschieht dies im wesentlichen eben-

Bildnis Johannes Bachofen

falls aus zwei Gründen. Wir wollen an der von Bachofen entwickelten Methode den Gehalt seiner Forschungen überprüfen und damit zugleich an zwei gewichtigen Beispielen seiner Forschungsergebnisse neue Einsichten für unser Thema gewinnen. Es kann sich also nicht darum handeln, eine Gesamtwürdigung Bachofens an dieser Stelle vorzulegen, obwohl eine solche durchaus am Platze wäre. Dennoch wird bei unserer Darstellung manches Licht auf die Bedeutung dieser Persönlichkeit fallen und zum besseren Verständnis unseres Anliegens wollen wir auch einige biographische Hinweise einflechten.

Johann Jacob Bachofen entstammte einer begüterten Basler Familie, was es ihm zeitlebens möglich machte, unabhängig und ohne Zwang zum Broterwerb zu leben. Zuerst dem Studium der Philologie zugewandt, wechselte er bald zur Jurisprudenz über, doch bewegte ihn dabei ein Motiv, aus dem wir bereits seine tieferen Neigungen erkennen können. In seiner kurzen «Lebens-Rückschau», 1854 als fast Vierzigjähriger geschrieben lesen wir darüber: «Das Antike war der Reiz, der mich fesselte, nicht das heute Anwendbare, und ich wollte so recht wahrhaft altes römisches Recht studieren, keineswegs heutiges römisches Recht.» Diese Intentionen fanden reichlich geistige Nahrung bei seinem grossen Lehrer, Friedrich Carl v. Savigny, dessen Schüler Bachofen in Berlin wurde, der damals als das Haupt der sog. romantischen historischen Rechtsschule galt. Schon in jungen Jahren, als 26jähriger, berief ihn seine Heimatstadt zum Professor für römisches Recht, doch zog er sich bereits drei Jahre später von diesem Lehramt zurück, um sich unbehindert seinen eigenen Studien widmen zu können. Er unternahm eine grosse Reise nach Italien und 9 Jahre später eine weitere nach Griechenland. Erst mit 45 Jahren begann er mit der Abfassung seiner eigenen Werke, unter denen das 1861 erschienene über «Das Mutterrecht» als sein Hauptwerk hervorragt. Er starb im Jahre 1887 als 72jähriger in seiner Heimatstadt Basel, der er aber doch während 25 Jahren in einem öffentlichen Amt, als Kriminalrichter, gedient hat.

Zwei Zeugnisse seiner Biographen wollen wir unserem Anliegen, die Methoden und Inhalte von Bachofens Forschungen in dem erwähnten Sinne zu charakterisieren, voranstellen.

Rudolf Marx, dem das Verdienst zukommt, eine Auswahl seiner Werke herausgegeben zu haben, schrieb 1926 in seiner Einleitung dazu «von dem Erbe eines nahezu verschollenen Grossen, des Seelen- und Mythendeuters einer versunkenen Vorwelt, des Denkers der ewigen Ur-Gegensätze des Lebens ...»[5)], «von den Altertumsforschern totgeschwiegen, schliesslich nicht mehr gelesen, jedenfalls nicht verstanden.» Ein anderer hingegen,

Weininger, bekannte von ihm in seinem Werk über «Geschlecht und Charakter», er sei ein «viel tiefer und weiter blickender Mann gewesen als irgendein Soziologe seit Hegel.» Schliesslich kommt Georg Schmidt das grosse Verdienst zu, in seiner Studie über «Johann Jacob Bachofens Geschichtsphilosophie»[28)] das Werk dieses Mannes einer tiefschürfenden Bearbeitung unterzogen zu haben, um «die wirklichen Dimensionen der geschichtlichen Konzeption Bachofens sichtbar zu machen.» Wir werden im Folgenden verschiedentlich auf dieses vortreffliche Werk Bezug nehmen.

Fragen wir zuerst nach den Methoden, nach denen Bachofen seine Forschungen betrieb, so gibt uns überraschender Weise sein Werk selbst darüber weitgehend Auskunft.

Schon in der erwähnten «Lebens-Rückschau» finden wir folgende aufschlussreichen Sätze: «Es gibt zwei Wege zu jeder Erkenntnis, der weitere, langsamere, mühsamere verständiger Kombination, und der kürzere, ... der Weg der Phantasie, welche von dem Anblick und der unmittelbaren Berührung der alten Reste angeregt, ohne Mittelglieder das Wahre wie mit einem Schlage erfasst. An Leben und Farbe ist das auf dem zweiten Wege Erworbene den Verstandsprodukten mächtig überlegen.» Was Bachofen hier «Phantasie» nennt, dürfen wir jedoch keineswegs verwechseln mit einer gleichen Bezeichnung, die in einer persönlichen Willkür eine objektive Methode erblicken würde. Vielmehr könnte man von der Fähigkeit der Intuition sprechen, wie Goethe das Wort verwendet hat, die für Bachofen durchaus einen objektiven Charakter besitzt. Hören wir ihn weiter selbst darüber: «Das Bedürfnis des zusammenhängenden Wissens» - nach dem seine Forschungsmethode strebt - «hat nicht selten zu dem Versuche geführt, durch Gebilde philosophischer Spekulation der Sehnsucht nach Kenntnis der Ursprünge einige Befriedigung zu gewähren, und die grossen Lücken, die das System der Zeiten darbietet, mit den Schattengestalten eines abstrakten Verstandesspieles auszufüllen ..» Hier kann man einerseits an manche wohl genial, aber methodisch unzulänglichen Versuche denken, wie sie z. B. einige Folger von Goethe, Lorenz Oken u. a. unternahmen. Aber viel mehr noch liegt es nahe, an Bachofens Zeitgenossen Charles Darwin zu denken, der sein Abstammungssystem zubereitete und dabei nicht überschaute, wie sehr er sich der «Schattengestalten eines abstrakten Verstandesspieles» bediente. Der anderen Versuchung, sich in spekulativer Metaphysik zu verlieren, von der auch der grosse Vorläufer Bachofens, Georg Friedrich Creuzer (1771-1858) nicht immer verschont blieb, ist er sich voll bewusst: «Ich hätte auf metaphysische Abwege geraten und die rechte Leuchte für immer aus den Augen verlieren können ... Gottlob, dass zu dergleichen meine Seele zu gesund ist.» Wohl ist für ihn gewiss, dass alles Forschen letztlich dem Ziele folgen muss, «dem ewigen Gehalt der Dinge doch wenigstens um ein kleines näherzutreten.» Und er weiss, dass seine Zeit sich weit entfernt hat von dem geistigen Ursprung der Kultur, dass aber eine Hinwendung zu ihm unbedingt erforderlich ist, Freilich, Bachofen kann noch keine neue Geisterkenntnis in Betracht ziehen, die gerade in seiner Zeit am wenigsten möglich war. Deshalb gelangt er zu der Überzeugung, «dass ohne gänzliche Umgestaltung all unserer Zustände, ohne Rückkehr zu der alten einfachen Seelenfrische und Gesundheit, nicht eimal eine Ahnung von der Grösse jener alten Zeit und Denkweise möglich sein wird, das das Menschengeschlecht noch nicht, wie heutzutage, aus der Harmonie mit der Schöpfung und ausserweltlichen Schöpfer gewichen war.» Aus solchen Sätzen spricht aber auch ganz deutlich, dass Bachofen der «alten Zeit» einen weit höheren geistigen Rang zuerkennt, als seinem Jahrhundert. Und seine Erkenntnismethode sucht diesem Rang gerecht zu werden. «Zuzeiten will es mir sogar erscheinen, als werde sich mir am Ende dieser Bahn etwas von dem göttlichen, ewigen Gehalt der menschlichen Gedanken enthüllen. Wenn es wahr ist, was Aristoteles sagt, dass Gleiches nur von Gleichem begriffen werden, so kann auch das Göttliche nur ein göttlicher Sinn erfassen, niemals der rationalistische Dünkel, der sich über die Dinge stellt.» Hier wird ganz klar, wie Bachofen nach einem Erkenntnisweg sucht, der der spirituellen Höhe der Zeit entspricht, die er erforschen will. In dieser Art wird das «System» verständlich, das Bachofen vorschwebt, das wir meinen, mit Goethes «Ideen» vergleichen zu dürfen. «Eine genauere Prüfung ... ergibt überall System, und dieses führt seinerseits auf eine Grundidee zurück, welche ... gegen jeden Verdacht der Zufälligkeit Willkür oder nur lokaler, vereinzelter Geltung gesichert ist.» Denn «aus Einem Prinzipe folgen alle diese Erscheinungen ... Ein grosses Gesetz beherrscht die Entwicklung des Menschengeschlechtes ... *eine* Grundidee durchzieht alle Teile des ... Systems.» Um sie zu erkennen, bedarf es jedoch der Erforschung des «Reichtums des Details», denn sie allein «bietet die nötigen Vergleichungen, befähigt zur Unterscheidung des Wesentlichen von dem Zufälligen ...»[5)]

Solche Aussagen bezeugen, wie Bachofen im Grunde genommen eine deduktive Methode verfolgt, obwohl er sie selbst als induktiv bezeichnet. Denn selbst wenn er von Einzelheiten ausgeht, summiert er diese nicht einfach, sondern versucht in ihnen Symptome des Ganzen, Offenbarungen der «Grundidee» zu erkennen. Nur daraus verspricht er sich zu der objektiven Wahrheit des Mythos und der Geschichte zu gelangen. «Der innere Zusammmenhang aller einzelnen Züge , worauf allein wahres Verständnis beruht ...» ist sein Erkennungsziel.

Was Bachofen aussagt, ist durchaus in Einklang mit der geisteswissenschaftlichen Erkenntnis zu sehen. Auch diese muss darauf aufmerksam machen, dass dem Altertum eine ganz andere Erkenntnisart zugrunde liegt wie der heute vorherrschenden. «Die Denkkraft, die z. B. die Griechen entwickelten, war anderer Natur ...» sie ist «ganz verschieden von unserem sogenannten normalen Denken. Denn dieses griechische Denken ist das, was man lernen kann an dem Verarbeiten der Imaginationen», die man in der geistigen Welt erlebt hatte. Diese Denkkraft war schon abgeblasst bei den alten Griechen, im Vergleich zu der alten ägyptischen oder babylonischen Zeit, d. h. sie hatte als solche nicht mehr den ursprünglichen Bildcharakter. Dem Niedergang dieses Denkens muss aber ein neuer Aufschwung folgen, der nicht ein Zurückgehen zu dem alten Bewusstsein darstellt, wohl aber dessen geistigen Inhalt wieder zu entdecken vermag. Hier liegt zugleich die Begrenzung Bachofens, dem es noch nicht möglich war, einen solchen neuen Erkenntnisweg zu beschreiten. Wohl aber dürfen wir ihn - ohne dass er ausdrücklich darauf bezug nimmt - einen goetheanistischen Forscher nennen, der mit grosser geistiger Kraft zu erstaunlichen Ergebnissen gelangt ist, die ihre anregende und richtungsweisende Wirkung bis heute bewahrt haben.

Bachofen hat aber nicht nur den bedeutsamen Versuch gemacht, den objektiven Geistgehalt der mythischen Überlieferungen der griechischen Kultur zu erkennen und darzustellen, er gelangte auf diesem Wege auch zu einer ahnenden Gewissheit des geistigen Ursprungs dieser Inhalte in einer prähistorischen Zeit. Der Mythos ist für ihn «keine Dichtung, sondern ein wirkliches, wahrscheinlich unter ähnlichen Verhältnissen mehr als einmal durchgemachtes Erlebnis des Menschengeschlechts ... Denkmal erlebter menschlicher Zustände.» Und «so mannigfaltig die einzelnen Erscheinungen sind, so sicher ist doch im Ganzen und Grossen das Entwicklungsprinzip, dem sie sich einordnen.» Was wir schon am Anfang dieser Abhandlung hervorhoben, sei hier noch einmal wiederholt: der Mythos stellt für Bachofen «ein lichtes, von dem Einfluss frei schaffender Phantasie durchaus unabhängiges Zeugnis der Urzeit» dar. So gelangt er zu der Überzeugung: «der unsichtbare Geist ... ist das erste ... war von Anfang an ...» und, methodisch höchst bedeutsam fügt er hinzu: «Es tritt ein, was Aristoteles als Gesetz jeder Entwicklung aufstellt. Was zuletzt wird, erscheint keineswegs als das Letzte, vielmehr als das Erste und Ursprüngliche. Denn das im Werden Nachfolgende ist der Natur nach das Erste und das dem Entstehen nach Letzte ist zuerst ...»[28)]

Damit haben wir von unserer kurzen Charakterisierung der Methodik Bachofens den Übergang gefunden zu einer Charakterisierung zweier seiner Hauptwerke. Sie werden uns unmittelbar wiederum zu unserem besonderen Anliegen, der Frage der Menschheitsentwicklung im Spiegel der Ernährungsformen, zurückführen.

Die erste Abhandlung, auf die wir eingehen wollen, trägt den Titel: «Das Ei als Symbol», die zweite, das allgemein als sein Hauptwerk bezeichnete erschien 1861 über «Das Mutterrecht.»[5)]

Bachofens Darstellungen über «Das Ei als Symbol»

Bachofens Darstellung über «Das Ei als Symbol» knüpft an die Beschreibung eines Grabbildes aus dem Kolumbarium der römischen Villa Pamfilia an, das den Titel trägt: «Jünglinge im Gespräch über den Sinn der Mysterien-Eier.» Man gewahrt «eine Gesellschaft von fünf Jünglingen» um einen Dreifuss, «auf welchem drei Eier niedergelegt sind.» Diese bilden «den Gegenstand ernster Unterhaltung». Einer der Jünglinge trägt einen Myrtenkranz auf dem Haupt, ein anderer trägt eine Öllampe in der linken Hand. Die drei auf dem Tisch niedergelegten Eier zeigen eine typische Eigentümlichkeit solcher Darstellungen: sie sind in der oberen Hälfte weiss, in der unteren dunkel bemalt.

Soweit folgen wir der Beschreibung Bachofens. An dieser Stelle geht sie in die Deutung des Bildes über. Diese konzentriert sich im wesentlichen auf die zuletzt genannte Färbung der drei Eier und stellt sogleich fest: «der Wechsel der hellen und der dunklen Farbe drückt den steten Übergang von Finsternis zum Licht, vom Tod zum Leben aus,» er weist damit zugleich «auf eine nie endende Bewegung zwischen zwei entgegengesetzten Polen» hin, Grundsätzlich wird nun ausgesagt, dass «kein Symbol geeigneter ist, den Geist über die Schranken des leiblichen Daseins hinaus zu der Ahnung der eigenen Wiedergeburt emporzuheben, als dasjenige des Eies, das Leben und Tod in sich schliesst.»

Was führte wohl Bachofen zu dieser weittragenden Aussage? Versuchen wir uns einer Antwort zunächst mit Hilfe moderner physiologischer Erkenntnisse über das Ei zu nähern und dann zu den Darstellungen Bachofens zurückzukehren.

Wir nehmen an, dass es sich bei der genannten Abbildung um Hühnereier handelt, - sie fanden ja bereits im Altertum als Nahrungsmittel Verwendung. Ihr wesentlicher Substanzgehalt besteht aus Eiweiss, und zwar einem ausgesprochenen Reproduktionseiweiss. Dieses zeigt alle Qualitäten, die wir von ihm erwarten können, ist ganz zu den Lebensprozessen hinorientiert, stellt den Mutterboden für ein neues Lebewesen dar. Freilich setzt diese mütterliche Komponente die Befruchtung durch die väterliche voraus. Das Ei trägt in diesem Sinne eine Schöpferkraft in sich, die an das Ur-Eiweiss, die Eiweiss-Idee als umfassende Bildekraft anknüpft. Die moderne Physiologie hat diesem Eiweiss eine besondere Wertigkeit zugeordnet, indem sie es als Vergleichsmassstab für alle anderen Eiweissarten verwendet. Es birgt als Reproduktionskraft - die höchste Potenz lebensspendender Tätigkeit. Beim Verzehr wird es auch im Menschen in erster Linie diese Sphäre ansprechen.

Dabei ist aber zu berücksichtigen, dass es von einem Lebewesen stammt, das recht andersartige Lebensbedingungen zeigt als die höheren Tiere oder gar der Mensch. Sind doch die Vögel weit weniger erdgebunden, weit mehr dem Wasser-Luft-Licht- und Wärmeelement verwandt. Dies gilt auch für die Hühnervögel, wenn auch in eingeschränktem Masse. Weiterhin ist zu berücksichtigen, dass die Vögel ihre Eier schon bei ihrer Bildung mit einer schützenden Hülle umgeben, die das Innere vor allen schädigenden äusseren Einflüssen bewahren kann. Und diese Schale wird aus Kalk gebildet, einer toten mineralischen Substanz, die ihrem Wesen nach dem Tierwesen zugeordnet ist, zugleich aber einen ruhenden Pol gegenüber dem innerlich bewegten des Eiweisses darstellt. Es zeichnet den Kalk auch eine hohe Formbildekraft aus, wie in allen Skeletten ersichtlich. Dadurch ist das Ei geneigt, sich eine solche vollendete Form zu gestalten, die offensichtlich sphärischen Charakter hat. Schliesslich wollen wir noch erwähnen, dass die eierlegenden Vögel diese zunächst im Inneren vorbereiteten Gebilde, wenn sie vollendet sind, absondern, sich ihrer entäussern. Eine solche Geste kann man in einer gewissen Verwandtschaft zu dem Absondern der Milch bei den Säugern anschauen.

Im Innern höchste Lebendigkeit, eine Nachahmung kosmischer Lebenskraft, bildet es in seiner toten Schale eine kosmisch-sphärische Form nach, - eine Vereinigung grösster Schöpferkraft mit dem durch todesverwandte Erdenkräfte geformte Nachbildung kosmischer Sphären.

An dieser Stelle wollen wir wieder zu Bachofens Deutung übergehen. In der hell-dunklen Bemalung des Eies erkennen wir «den steten Übergang von Finsternis zum Licht, von Tod zum Leben.» Seine Eiweissnatur macht es «zum Symbol des stofflichen Urgrundes aller Dinge». «Das orphische Ur-Ei ist halb weiss, halb schwarz oder rot, wie auch Typhon, die zerstörende Kraft, rot dargestellt wird.» Hier greift Bachofen auf die ägyptische Mythologie zurück und bedient sich dabei der Schrift von Plutarch über Isis und Osiris. «Überall wird bei Mysterien und Opfern» - schreibt Plutarch - «gelehrt, dass es zwei besondere Grundwesen und einander entgegengesetzte Kräfte geben müsse,» repräsentiert durch Isis und Typhon. Aber auch in der Dionysos-Religion erscheint das doppelt gefärbte Ei. «Die Vergleichung der Eiform mit der Gestalt des Alls wird öfter hervorgehoben. Aus den beiden Hälften des Eies sind Himmel und Erde hervorgegangen. In dieser Entfaltung wird die schwarze Hälfte zur Erde, die weisse zum Himmel, jene zur weiblich-stofflichen, diese zur männlich-unkörperlichen Potenz.» Wir sehen, Bachofens Deutung des Ei-Symbols zielt auf dessen Doppelnatur, wie wir sie auch mit Hilfe der modernen Physiologie finden können: das mütterliche Stoffelement vereinigt sich mit dem väterlichen Prinzip, begabt aber das sich entwickelnde neue Lebewesen zugleich mit der Macht des Todes. In gleicher Weise finden sich im Innern des Eies die Lebens- in seiner Schale die Todeskräfte konzentriert.

Lassen wir noch einige weitere Sätze aus der Darstellung Bachofens folgen, als beredte Zeugnisse seiner intuitiven Anschauung.

«So ist also das Ei in jeder Beziehung der 'Schöpfungs-Beginn', die arche geneseos. Es umschliesst in sich alle Teile der stofflichen Welt: Himmel und Erde, Licht und Finsternis, die männliche und die weibliche Naturpotenz, den Strom des Werdens und des Vergehens ...» «In dem orphisch-bacchischen Mysterien-Ei erkennt der Eingeweihte nicht nur seine eigene, sondern auch seines Gottes Entstehung ...» es schenkt ihm die «Gewissheit, dass auch er der irdischen Geburt möglich wird, zur Unsterblichkeit der hohen Lichtwelt vorzudringen.»

Man kann aus einer solchen Darstellung die sich zweifellos einer objektiven Anschauung nähert, erkennen, was in Wirklichkeit ein Ei ist, wie es in alten Zeiten erlebt wurde und wie wir es wiederum lernen können anzuschauen. Man kann zugleich auch den Wandel des menschlichen Bewusstseins erkennen, das einst in dem Ei einen Mysterien-Inhalt verehrte und das heute zum Gegenstand rein materieller Betrachtungsweise geworden ist. Man kann aber auch an diesem Gegenstand sich klarmachen, in welcher Richtung eine neue Ernährungswissenschaft sich entwickeln muss, wenn sie ihren Objekten gerecht werden will. Und wir können erahnen, aus welchen modernen Geistesgründen eine Äusserung Rudolf Steiners geschöpft sein mag, wie die Folgende, die wir inhaltlich wiedergeben. Man befindet sich im Irrtum zu glauben, dass das Ei von dem Huhn stamme. In Wirklichkeit musste das ganze Weltall mitwirken, um es zu schaffen, und das Huhn ist nur der Mutterboden für die Entfaltung dieser Kräfte. Das Ei stellt eine Art von Mikrokosmos dar, geschaffen durch den Makrokosmos.

Wir wollen an dieser Stelle das Thema der Konsequenzen einer solchen Anschauung für die tägliche Ernährungspraxis nicht im einzelnen weiter verfolgen. Dies soll einer anderen Darstellung vorbehalten bleiben. Doch wird sicher verständlich sein, dass wir dem Eier-Verzehr ein wohl berechtigtes, aber doch zurückhaltendes Mass zuteil werden lassen sollten, besonders im Kindesalter.

Wenden wir uns nun noch dem eigentlichen Hauptwerk Bachofens, dem «Mutterrecht», zu, für das wir bereits in der vergangenen Darstellung wesentliche Gesichtspunkte berührt haben.

Bachofens Werk über das «Mutterrecht» im Lichte der Ernährungsforschung

Schon die vorangehende Betrachtung über «Das Ei als Symbol» kann uns deutlich erkennen lassen, dass ein Nahrungsmittel niemals nur aus naturwissenschaftlichen Daten in seinem eigentlichen Wert und seiner Bedeutung für den Menschen erkannt werden kann. Wenn wir gesehen haben, dass das Ei noch im griechischen Kulturbereich ein kultischer Gegenstand war, der den Mysterien des Dionysos angehörte, wird daraus erhellt, dass die Eingeweihten der damaligen Zeit in ihm etwas verehrten, das der geistigen Welt angehört und sich hier in der Erdenwelt verstofflicht, also weit mehr als ein blosses Symbol, ein Sinnbild ist. Man könnte im Goetheschen Sinne sagen: man nehme in ihm ein Sinnlich-Sittliches wahr. Und das war zweifellos auch, was die Menschen jener Zeit an den Nahrungsmitteln überhaupt erlebten und erfuhren. Wir erwähnten schon weiter oben das Beispiel der Feigen, an denen die alten Griechen wahrnahmen, dass sie die Menschen gesitteter machten, seelisch verfeinerten. So hat man zweifellos auch beim Verzehr des Hühnereies eine entsprechende Wahrnehmung gemacht, wie sie aus unserer Betrachtung von Bachofens Studie hervorgeht. Man hat mit Ehrfurcht ein solches Naturprodukt angeschaut, und, solange diese Kultur noch nicht der Dekadenz verfiel, seinen Wert für die menschliche Lebensorganisation, aber auch seine Beschränkung für seine Bewusstseinskräfte, instinktiv erkannt, damit auch seinen Platz bestimmt im Hinblick auf die Frage der Menschheitsentwicklung als solcher. Diese Thematik ist aber zugleich die bewusste Aufgabe unserer Zeit und in diesem Sinne ein Anliegen unserer Darstellung.

Auch mit seinem Werke über das «Mutterrecht» hat Bachofen ein Motiv aufgegriffen, dem eine solche Bedeutung zukommt, wie wir sehen werden, in einem noch umfassenderen Sinne als bei der Arbeit über den Symbolcharakter des Eies.

Unser erstes Anliegen soll demnach sein, Bachofens Ideenwelt über das «Mutterrecht» zu umreissen und anschliessend seine Bedeutung für unser besonderes Thema darzustellen.

Es gehört zu den grossen Verdiensten Bachofens, zu erkennen, dass alle alten Menschheitskulturen aus einer Einheit religiösen Erlebens mit weisheitsvoller Durchdringung in künstlerischer Gestaltung hervorgegangen sind. In diesem Sinne erschloss sich ihm das «gynaikokratische Zeitalter», in dessen Mittelpunkt das «Mutterrecht» steht. Keinem bestimmten Volke angehörig, sondern einer Kulturstufe, hat Bachofen es dennoch hauptsächlich im alten Griechentum erforscht. Auch hier gilt für ihn der Mythos, als «dem getreuen Bilde der ältesten Zeit», der «am Anfang aller Entwicklung liegt», als sichere Quelle für seine Forschung.

Aus vielen solchen Mythen und Sagen geht hervor, dass während dieser Kulturstufe der Frau, bzw. Mutter, innerhalb der menschlichen Gesellschaft eine besondere Rolle zukam. Bachofen hat dafür den Ausdruck «Mutterrecht» geprägt und hatte sicher zu seiner Zeit Recht, wenn er schreibt: «Die bisherige Forschung hat überhaupt für die Erklärung jener Kulturperiode, der das Mutterrecht angehört, noch nichts geleistet. Wir betreten also ein Gebiet, das die erste Urbarmachung erwartet.»

Überall tritt uns «die Erscheinung weiblicher Macht und Grösse» entgegen als prägendes Element dieser Kultur, von dem Grundgedanken durchdrungen, «dem die Verbindung unsterblicher Mütter mit sterblichen Vätern, die Hervorhebung mütterlichen Gutes, des mütterlichen Namens, der Innigkeit des mütterlichen Geschwistertums entspringt, auf dem endlich die Benennung Mutterland, die grössere Heiligkeit weiblicher Opfer, vornehmlich die Unsühnbarkeit des Muttermords beruht.»

Für Bachofen ist dies alles aber keineswegs ein trivialer Ausdruck vorgeschichtlichen Rechtserlebens. Vielmehr erblickt er darin ein Abbild geistig-kosmischer Gesetzmässigkeiten, die sich ebenso in der «kultischen Auszeichnung des Mondes vor der Sonne, der empfangenden Erde vor dem befruchtenden Meere, der finstern Todesseite des Naturlebens vor dem lichten des Werdens» offenbaren. Auch die Auszeichnung der Schwester vor dem Bruder gehört zu dieser Symptomenreihe, die für Bachofen «das Gesetz der Stofflich-leiblichen, nicht des geistig höheren Lebens» bedeutet. «In dem Initiationsberufe des Weibes (als der Weihespenderin) erscheint sie in ihrer grössten Vertiefung.»

Was Bachofen hier aufging, hat durch die moderne Geistesforschung Rudolf Steiners seine Bestätigung und Erweiterung erfahren. Schon Bachofen trat aus der mystischen Welt der Griechen die Gestalt der Göttin Demeter entgegen. In ihr sah er die Verkörperung des «demetrischen Mutterprinzipates»: «Zurückgeführt auf Demeters Vorbild wird die irdische Mutter zugleich der tellurischen Mutter sterbliche Stellvertreterin, ihre Priesterin und als Hierophantin (Weihepriesterin) mit der Verwaltung ihres Mysteriums betraut.»

Zu diesem bedeutsamen Ergebnis gelangte Bachofen besonders auch durch jenes wichtige Dokument, das unter der Bezeichnung «Lob der Demeter» im Jahre 1777 aufgefunden war. In der deutschen Übersetzung durch Heinrich Voss (1816)[29)] «im Versmass der Urschrift» war es der Altertumsforschung zugänglich geworden. Voss selbst bezeichnet es bereits als «ein entscheidendes Denkmal der ganzen Geheimlehre, welches Sache und Wort im ersten Entstehen zeigt.»

In diesem Mythos tritt uns Demeter als die Göttin «goldener Sichel und prangender Frucht» entgegen «das Haupt vom Kranze der Ähren umflochten». Während der ganzen griechischen Kultur wurde diese göttliche Gestalt als Schöpferin und Spenderin der Erdenfruchtbarkeit verehrt und zahlreiche künstlerische Darstellungen sind uns von ihr erhalten. In die römische Kultur ist sie unter dem Namen der Göttin Ceres eingegangen. Die Anschauung dieses göttlichen Wesens weist aber auf viel frühere Zeiten zurück. Die erwähnte Darstellung des Demeter-Mythos wird bereits in die Zeit der Wende des 8. zum 7. Jhdt. v. Chr. verlegt, also in den

Anfang der griechisch-römischen Kulturperiode. Ihre Entstehung führt uns aber in noch frühere Zeiten der Menschheitsentwicklung, in der eine geistige Anschauung des Menschen- und Erdenwerdens vorherrschte, deren Ausdruck Bachofen in dem «Mysterium der Chthonischen Religion» erblickte, eines ursprünglich kosmischen Bewusstseins der Menschheit. «Das Mutterrecht stammt von unten, war chthonischer Natur», war Ausdruck der im Kosmos urständenden Stofflichkeit, der Luna, die die Sonne wiederspiegelt, «die Grenzscheide der tellurischen und solarischen Region, der reinste Körper der stofflichen, vergänglichen, der unreinste der unstofflichen, keinem Wechsel unterworfenen Welt.» Das demetrische Zeitalter ist also das der Urschöpfung, der Urzeugung, der Erschaffung des Irdisch-Gestalteten und der Menschengestalt aus dem dynamischen Chaos, der noch ungeformten Schöpferkraft. «In ganz sinnlich-natürlicher Auffassung erscheint das weibliche Sporium (der Schoss) zuerst als Darstellung des demetrischen Mysteriums sowohl in seiner tieferen physischen als in seiner höheren jenseitigen Geltung», schreibt Bachofen und meint damit die doppelte Wortbedeutung der «spurii» «die Gesäten», so wie Gäa, die Erde, mit dem griechischen Worte für die Pflugschar verwandt ist: «Wie das Korn des Ackerfeldes aus der durch die Pflugschar geöffneten Furche ans Tageslicht tritt, so das Kind aus dem mütterlichen sporium ... Also ein Gesetz beherrscht den Ackerbau und die Ehe, das stoffliche Recht der Gynaikokratie.» Dabei hebt Bachofen hervor, dass die Pelasger, nach griechischer Überlieferung die ersten Bewohner von Samothrake, die Ureinwohner Griechenlands, den chthonischen Mutterkult als Grundlage ihrer Kultur besassen. Es war im echten Sinne eine Mysterienkultur.

Ernst Uehli hat in seinem Buche über «Mythos und Kunst der Griechen»[30)] eine treffliche Schilderung davon gegeben. «Die Fruchtbarkeit der Erde, welcher der Mensch seine Nahrung, sein Dasein verdankt, die Segenskraft, welche in der Saat reift, in der Ähre fruchtet, wurde der göttlichen Erdenmutter, der Demeter, zugeschrieben, weil ihr Wirken, ihre Kraft vermöge der hellseherischen Gaben mit instinktiver Seelengewalt erlebt und aufgenommen werden konnten ...» Durch die Blutsgemeinschaft schaute man zurück zu der Urmutter des Seins. Man erlebte sich als hervorgegangen aus dem mütterlichen Schoss der vorgeburtlichen Welt.

Wir sehen, für Bachofen war Demeter nicht nur die Urmutter der Menschheit, sondern zugleich das Urbild der weiblichen Hierophantin. «In dem Initiantenberuf des Weibes als der Eingeweihten und Weihespenderin», repräsentiert sie zugleich die Eunomia, die gesetzliche

Ordnung, die Eusebaia, die Ehrerbietung, Frömmigkeit, und Paidaia, die Zucht und Pflege des Kindes. «Heilige Weihen werde ich selber alsdann Euch lehren, auf dass Ihr auch künftig, heilige Bräuche verrichtend, mir Sinn und Seele besänftigt», heisst es in dem Urtext des Demeter-Mythos. In Wirklichkeit deutet dieser Mythos, wie auch Bachofens Darstellungen auf das physisch und geistig versunkene Mutterland, die alte Atlantis hin, das in der Sehnsucht der Griechen fortlebte, das in der Einweihung geschaut wurde und im Demeterkult fortlebte.

Plato hat bekanntlich in seinem leider nur als Fragment erhaltenen Bericht über die «Insel Atlantis» geschrieben und zum Ausdruck gebracht, dass er die «Mitteilung über die Urzeit» aus der alten ägyptischen Geheimlehre empfangen habe. Es fliesst also ein Strom dieses alten Wissens aus Urzeiten in der Menschheitsentwicklung in die griechische Kultur. In der Sintflutsage, der Noahlegende der Bibel, auf die wir später zurückkommen werden, hat es in der altjüdischen Kultur seinen Ausdruck gefunden. Rudolf Steiner hat in seiner Schrift «Unsere atlantischen Vorfahren»[31] dieses Thema als Ergebnis moderner Geistesforschung, unabhängig von alten Zeugnissen, abgehandelt.

Das Mutterrecht, die chthonische Religion der Göttin Demeter, führt in diese prähistorischen Zeiten zurück. In einem Vortragswerk aus dem Jahre 1912 hat Rudolf Steiner ausgesprochen, dass «Demeter eine Gestalt der griechischen Götterlehre ist, die uns hinweist auf jene hellsichtige Anschauung der Atlantis, die zu dem ältesten Weisheitsgut der atlantischen Menschheit gehört». Der atlantische Mensch, wenn er hineinschaute in die geistige Welt, sah diese Demeter, «sie begegnete ihnen wirklich.» Sie erschien ihm als die «Urmutter der menschlichen Seele und der fruchtbaren Naturkräfte.»[32]

Gerade mit dem Namen Demeter verband der Mythos die Anschauung einer Menschheit, die sowohl in ihrem Bewusstsein wie in ihrer leiblichen Organisation sich noch von der späteren, nachatlantischen unterschied. Der atlantische Mensch, auf den wir in unserer Darstellung öfters zurückgeblickt haben, - von der nordischen Sagenwelt um den Riesen Ymir und der Kuh Audumla, über die grossartigen Bilder der Bibel der Urgeschlechter von Abel und Kain bis hinüber zu dem Demeter-Mythos, der uns als Letzter Kunde gibt von dieser versunkenen Welt, dieser atlantische Mensch wurde bis in die Mitte dieses grossen Zeitraumes, dessen Ende heute um das Jahr 9000 v. Chr. datiert wird, herausgebildet aus noch weichen, entwicklungsfähigen Formen, - wie heute im menschlichen Embryonalleben - bis er unsere gegenwärtige Menschenform erreicht hat.

Dazu gehört auch die Entwicklung der Ernährungsformen, die sich den wandelnden leiblichen und seelisch-geistigen Kräften gemäss vollzog. Auch heute noch haben wir in den Tiefen unseres Stoffwechsels ein Schlafbewusstsein erhalten, das nur von der Bilderwelt der Träume erhellt werden kann. Diese Welt war dem alten Menschen instinktiv zugänglich, solange die Sinneswelt und die Verstandestätigkeit noch nicht erwacht waren, die Organe des Sinnes-Nervensystems noch nicht zu ihrer späteren Höhe herangereift waren. Das war das demetrische Zeitalter, das Bachofen zu erfassen versuchte, von dem er schrieb: «Stoffliche Gebundenheit ist das Merkmal des mütterlichen Erdrechts». Aber er ahnte doch, dass in diesem Stoff, - dem Stoffwechsel, - gleichzeitig geistige Kräfte tätig waren, kosmische Mächte wirksam sind. Und diese durchdrangen auch seine Ernährung. «Nun, der Mensch ass, atmete, und er wusste, es ist die grosse Demeter, die ihm das hellseherische Bewusstsein gibt, die ihm aber auch das gibt, wodurch er weiss, wie er sich zu verhalten hat in der Welt.»[31] Mit solchen Worten hat Rudolf Steiner, ohne dabei auf Bachofen Bezug zu nehmen, dessen Forschungen über das Mutterrecht bestätigt, freilich zugleich vertieft und erweitert: «So erblickte er (der Mensch) in ältesten Zeiten in der Demeter, die ihm seine Nahrung reichte, auch die Weltenmacht, die Naturmacht, die, indem die Nahrungsmittel in ihn einzogen, ihm die Kräfte so umgestaltete, dass sie ihm seine Sitten, seine Handelsregeln gab ... Sie war eine selbstverständliche, nicht ins Bewusstsein heraufleuchtende, aber die Seele antreibende Gesetzgeberin, die Demeter der alten Zeit.»[32]

Wir werden hier ganz deutlich auf das Wechselwirken der Bewusstseinsentwicklung mit den Ernährungsformen aufmerksam gemacht.

Aber Bachofen hat auch erkannt, dass dieses gynaikokratische Zeitalter von einem anderen abgelöst wurde, dass die Menschheitsentwicklung fortschritt vom Mutterrecht zum Vaterrecht. «Über das stoffliche Mutterrecht erhebt sich das Lichtprinzip der Paternität. Das Mutterrecht ist durch die stoffliche Natur gegeben. Das Vaterrecht gründet der Mann durch seine Kraft.» Damit wollte Bachofen klarmachen, dass die Mutterkräfte der Menschheit verliehen wurden durch höhere Gewalten, denen er instinktiv folgte. Das Vaterrecht aber hat er errungen, es «setzt Streben und Leiden prometheischen Lebens an Stelle beharrender Ruhe. Mit dem Erwachen der Freiheit und geistigem Leben beginnt der Übergang zu dem Vaterprinzip, - dort stoffliche Gebundenheit, hier geistige Entwicklung.» Während das Mutterrecht von unten, aus chthonischen Tiefen stammt, kommt das Vaterrecht von oben, ist «himmlischer Natur». Es ist die

Wandlung vom dionysischen zum appollinischen Bewusstsein, die Bachofen hier andeuten will. Der Mensch gelangt zum Erfahren seiner Unsterblichkeit, er wird «erhaben über den Tod», indem er sich zu dem «neos thanatos», dem «neuen Tod» erhebt «der nur den Leib zur Erde sinken lässt, den höhern Bestandteil des Menschen aber zu den Lichthöhen emporhebt.» Bachofen schildert hier zugleich den Übergang von dem alten mythischen Nacht-Bewusstsein des demetrischen Zeitalters zu der Entwicklung des Tagesbewusstseins, dem Aufwachen des Menschen zu Eigenständigkeit seines Geistes. «In der Hervorhebung der Paternität liegt die Losmachung des Geistes von den Erscheinungen der Natur, in ihrer siegreichen Durchführung einer Erhebung des menschlichen Daseins über die Gesetze des stofflichen Lebens». Bachofen weiss, was er damit aussprechen will: «Ein Weltalter geht unter, ein neues erhebt sich auf dessen Trümmern, das apollinische.» Er mag aber auch geahnt haben, wie hier ein Wendepunkt der ganzen Evolution von menschlichem wie kosmischem Ausmass sich anbahnt. «Von den drei grossen kosmischen Körpern: Erde, Mond, Sonne, erscheint der erste als Träger des Muttertums, während der letzte die Entwicklung des Vatertums leitet . . .» Obwohl Bachofen sich auf die Darstellung des griechischen Altertums beschränkt, kann man doch den Eindruck gewinnen, dass er sich mit seinen Schilderungen geistig dem Herannahen des Christus zugewendet hat. Doch hat seine scheue Natur zugleich dieses Mysterium in sich verschlossen.

Mit diesen Andeutungen wollen wir unsere Hinweise auf diese bemerkenswerte Persönlichkeit beschliessen. Im Jahre 1861 als er sein Hauptwerk, das «Mutterrecht», der Welt übergab, wurde Rudolf Steiner geboren, der berufen war, das wahre Geheimnis der Mysterien zu ergründen. Als Bachofen 1887 starb, in seinem 72. Lebensjahr, war jener schon mit der Bearbeitung und Herausgabe der naturwissenschaftlichen Schriften von Goethe beauftragt worden und hatte bereits einen ersten grossen Schritt in die Richtung einer neuen, gesicherten Methode zur Erforschung der geistigen Welt getan mit seinem Werk über die «Grundlinien einer Erkenntnistheorie der Goetheschen Weltanschauung».[32] Damit war auch der Weg gebahnt worden zu dem vorliegenden bescheidenen Versuch, die Menschheitsentwicklung im Spiegel der Ernährungsformen anschauen zu lernen.

Wir wollen uns in einem weiteren Kapitel, den Spuren der Forschungen Bachofens über das demetrische Zeitalter folgend, diesem Thema erneut zuwenden.

Der Demeter-Mythos als Spiegel der Menschheitsentwicklung

Schon in dem vorangehenden Abschnitt sind wir auf die Urmuttergestalt der Demeter mehrfach hingewiesen worden, wie sie der griechische Mythos als eine Erinnerung an die versunkene atlantische Kultur überliefert hat. Sie trat uns nicht nur als die Göttin entgegen, die dem Menschen Nahrung spendet, - diese irdische Nahrung war in jenen alten Zeiten zugleich ein Kommunizieren von Welt und Mensch, ein instinktives Miterleben des Kosmos. Was sich im menschlichen Stoffwechsel vollzog an Ernährungsprozessen, hatte gleichzeitig einen geistigen Erkenntnischarakter, stieg in gewaltigen Bildern vor dem schauenden Bewusstsein der Menschen auf. Das menschliche Innere, noch weicher, beweglicher, geistdurchdrungener als der heutige Stoffwechsel, wurde zum Gefäss für die schaffenden Bildekräfte, die mit der nährenden Substanz in den Menschen einzogen. So lebte die alte Menschheit in der Anschauung der Demeter als der Weltenmacht, die ihn im umfassendsten Sinne ernährte.

Auf diese Urheimat blickten die Griechen hin, wenn sie in ihren mythischen Bildern von Demeter und ihrer Tochter Persephone sprachen. Sie erlebten, dass ihr ganzes Wesen, Leib und Seele, seither durch tiefgreifende Verwandlungen hindurchgegangen war. Der Leib war verdichtet, verhärtet worden, der Erdenschwere anheimgefallen, die Seelenkräfte hatten das Vermögen, in die geistige Welt hineinzuschauen, verloren. Persephone, das Bild ihrer eigenen kindlichen Seele, der Vergangenheit, war von Pluto geraubt worden, den unterirdischen Gewalten und so von der Gemeinschaft mit den göttlich-nährenden Kräften getrennt. Die demetrischen Kräfte zogen sich zurück, das alte Hellsehen entschwand, wurde übertönt durch die einströmenden Kräfte der Sinneswelt. Die Natur, und damit auch die Nahrung, vergröberte sich, der alte Urmilchquell versiegte, die milchdurchdrungenen Ähren der Getreide vertrockneten. Der Mythos drückte das in dem Bilde aus: die Göttin Demeter stiftete ein Mysterium, in das nur noch auserwählte Menschen, nachdem sie eine Schulung ihrer Seelenkräfte durchgemacht hatten, eingeweiht werden konnten. Es war die Mysterienstätte von Eleusis, die wohl ein Jahrtausend lang das Geistesleben Athens beherrschte. Von ihr gingen auch die unzähligen Bilder aus, die die Urmutter Demeter abbildeten, mit einem Ährenkranz oder einem Ährenbüschel geschmückt, wobei man typischerweise erkennt, dass es sich um Abbildungen von Gerste handelt. Heisst es doch in dem Mythos selbst:

Demophon-Triptolemos mit Demeter und Persephone

«Es barg die weissliche Gerste der Boden auf Demeters Gebot». Und als die Göttin auf der Suche nach der verlorenen Tochter das Haus des Königs betritt, da «bat sie, ihr Gerstenmehl und Wasser zu geben, auf dass die Mischung sie trinke.» Hier wird in feiner Art angedeutet, dass in den Urzeiten noch die flüssige Nahrung vorherrschte, die milchartig war. Erst durch die Weisung, die Demeter den Menschen gab, erfolgte der Übergang zur festen Nahrung. Wir gelangen hier zu einem Zeitpunkt der menschlichen Entwicklung, der noch weiter zurückführt als die alte Atlantis, den wir im Vorangehenden mit der alten Lemuris angedeutet haben. Der Geistesforschung Rudolf Steiners ergab sich darüber das Folgende: «Die Männer (dieser Zeit) hatten sich in der Beherrschung der Naturkräfte ausgebildet. Sie waren kraftvoll und verstanden es, der Erde die mannigfaltigsten Schätze abzugewinnen. Sie konnten den Acker bebauen und seine Früchte ihrem Leben dienstbar machen.»[31)] Was noch bis in die kultischen Fähigkeiten der ägyptischen Zeit sich in ihren Resten erstreckt hat, war in jener Zeit noch voll ausgebildet: der Mensch konnte das Pflanzenwachstum magisch beeinflussen. Er konnte das Wachstum der Pflanzen beschleunigen und besass die Fähigkeit, die noch bildsame Kraft der Pflanzen umzubilden. D. h. der frühe atlantische Mensch war in der Lage, die kosmischen Bildekräfte einer Pflanze bzw. Pflanzenart so umzubilden, dass er ihren Typus veränderte und steigerte, ebenso wie der menschliche Leib noch selbst bildungs- und umbildungsfähig war, je nachdem welche Seelenkräfte auf diesen einwirkten. Was so in den Gräsern als weit hinströmende Reproduktionskraft lag, konnte er umformen, zugänglich machen der Einwirkung der Nährstoff-bildenden Kräfte. Im Sinne der modernen Geistesforschung gesprochen: Die Wirksamkeit der untersonnigen Planeten Mond, Mercur, Venus, die die Reproduktionskräfte vermitteln, wurde metamorphosiert in die Ausbildung der nährstoffbildenden obersonnigen Planeten Mars, Jupiter, Saturn. Das Ergebnis war die «Züchtung» unserer bis heute erhaltenen Getreideformen. Mythologisch gesprochen: Demeter lehrte den atlantischen Menschen den Getreidebau. Ein Autor des beginnenden 20. Jahrhunderts, Ignatius Donelly, hat in seiner Schrift «Atlantis, die vorsintflutliche Welt»[34)] darüber das Folgende geschrieben: «Nach Atlantis müssen wir unsere Blicke richten, wenn wir die Urheimat der meisten unserer Nutzpflanzen suchen ... Wir können die Überzeugung gar nicht von der Hand weisen, dass die hauptsächlichsten Cerealien, wie Weizen, Korn, Roggen, Hafer, Mais usw. in einer ungeheuer weit zurückliegenden Zeit zuerst angebaut und gezüchtet wurden, und zwar auf einem Kontinent, der die wildwachsenden Originale dieser Pflanzen wohl besass, der aber seitdem mitsamt diesen Urpflanzen verschwunden ist ... Ich glaube, wir treffen das Richtige, wenn wir sagen (die späteren Getreideanbauer) waren Kolonisten von jenem Lande, wo Weizen und Gerste zuerst angebaut wurden, d. h. von Atlantis.» Von dort nahmen die Menschengruppen, die die späteren grossen Kulturen begründeten, die verschiedenen Getreidearten auf ihren Wanderungen mit. So gelangte der Reis nach dem fernen Osten, der Mais nach dem fernen Westen, die Hirse nach Afrika, der Hafer in den Norden, und Weizen, Roggen, Gerste wurden in den weiten Gebieten angepflanzt, die sich dazwischen ausbreiteten.

Auf diesem Wege strömte auch das Wissen um die Getreidezüchtung in die alte persische Kultur ein. Hier ist der Ursprung jener Mythen und Überlieferungen zu suchen, die Zarathustra, bzw. die persischen Herrscher als Begründer des Ackerbaues und der Getreidekultur darstellen. So wird uns in dem Gilgamesch-Epos eine Szene geschildert, die in ähnlicher Art wie der Demeter-Mythos einen Einweihungsritus wiedergibt, eine ursprüngliche Mysterienhandlung:

«Utnapischtim sprach zu ihm, zu Gilgamesch:
'Auf, zähle Gilgamesch, zähle Deine Brote!'
Die Tage, die Du schliefst, sie mögen Dir kund werden,
Dein Brot ist trocken, Dein erstes,
Das zweite geschrumpft, das dritte noch feucht,
Das vierte ward heiss - Dein Röstbrot,
Verfärbt ist das Fünfte, das sechste schon gar gebacken;
Das siebente - gleichzeitig wachtest Du auf»

Was Rudolf Steiner über diese Worte dargestellt hat, lässt keinen Zweifel an ihrem Mysteriencharakter. Er sagte: «Wenn ihm (Gilgamesch) aufgetragen wird, er soll sieben Nächte und sechs Tage nicht schlafen, so bedeutet das nichts anderes, als eine Übung, durch welche die Seele gestaltet werden sollte, um völlig einzudringen in die entsprechenden ... geistigen Regionen. Wenn uns nun gesagt wird, dass er dies nicht aushielt, dann bedeutet das wiederum etwas sehr Wichtiges: es bedeutet, dass Gilgamesch uns dargestellt werden soll als eine Persönlichkeit, die hart an den Rand der Initiation gebracht wird, die gleichsam durch die Pforte der Initiation hereinschauen sollte in die geistigen Geheimnisse, die aber durch die ganze Art der Zeitverhältnisse doch nicht in allen Tiefen dringen konnte.»[35] Das Brotbacken, das siebenmal vollzogen werden sollte, währenddessen Gilgamesch wachen musste, ist eine Imagination für eine Einweihungshandlung. In der damaligen Zeit hatte die Brotbereitung noch einen kultischen Charakter. Seine Geheimnisse wurden den Menschen im Tempelinnern offenbart. Aber in den alten Kulturen waren die Priester zugleich die Ärzte, die das Wesen von Gesundheit und Krankheit ergründeten, die Substanzen durchschauten, Heilmittel bereiteten und auch neue Prozesse zur Bereitung der Nahrungsmitteln erforschten. So ist zweifellos das Brotbacken zuerst aus den Erkenntnissen jener Priesterweisen hervorgegangen, wie dies auch für die ägyptische Kultur bezeugt wird. Noch im 10. Jahrhundert n. Chr. berichtet der arabische Schriftsteller Abu-Eddin, dass die Pyramiden chemische Laboratorien gewesen seien, und die Hieroglyphen vielfach alchemistische Texte. Es spricht daraus ein altes geistiges Wissen, dass die alten Ägypter die ersten Chemiker gewesen sind. Das Teigbereiten und Brotbacken war ein solcher Vorgang in hervorragendem Masse. So gibt es aus der Zeit zwischen 2500 und 1000 v. Chr. zahlreiche Darstellungen über diese Kunst. Am besten erhalten sind die Bilder und Texte der Hofbäckerei des Pharao Ramses II ca. 1175 v. Chr. Hier wird freilich das Brotbacken bereits als profanierte Tätigkeit gezeigt: das Brot war inzwischen zum Volksnahrungsmittel geworden. Nicht umsonst hat der Grieche Hekataios von Milet um 500 v. Chr. die Ägypter die «Brotesser» genannt.

Zwei Prozesse sind es, auf die wir hier besonders aufmerksam machen wollen, die beim Brotbacken seit jener alten Zeit gehandhabt wurden. Der erste bezieht sich auf die Sauerteigbereitung. Chemisch-physikalisch stellt er sich als ein Durchlüftungsprozess dar, ein Gärungsprozess, bei dem mittels spezieller in der Luft vorhandenen Bakterien gasförmiges Kohlendioxyd gebildet wird, wodurch der Brotteig «aufgeht». Occult angeschaut bedeutet dieser Säuerungs- und Durchlüftungsprozess das Durchdringen des Brotteiges mit einer Qualität, die im Menschen als Durchseelung auftritt. Denn alle Durchseelungsprozesse des lebendigen Organismus prägen sich diesem in Form von Säurebildung ein. Mit der Kunst der Sauerteigbereitung wurde also ein spezieller Prozess vollzogen, der für die Ernährung des Menschen von grösster Bedeutung war. Mit seiner Hilfe wurde der menschliche Organismus zur Durchseelung angeregt, zur Durchdringung des Leibes mit Kräften, die seine Persönlichkeitsbildung förderten und ihn zu einem neuen Wachbewusstsein impulsierten. Die Brotbereitung, die Kunst des Brotbackens stellt sich also ganz deutlich als ein Schritt zur Bewusstseinssteigerung mit Hilfe bestimmter Ernährungsformen dar.

Aber noch ein weiterer Fortschritt wurde durch den Brotverzehr in die Wege geleitet. Machen wir uns kurz klar, welche Schritte beim Brotbacken vollzogen werden, so kann uns daraus gleichsam die Idee dieser Errungenschaft entgegentreten. Vier grosse Schritte werden dabei gehandhabt: 1.) Die Schaffung der Grundlage des Brotes: das Getreidekorn als «feste Nahrung». 2.) die Teigbereitung aus Schrot oder Mehl durch Hinzufügen des Wassers, des flüssigen Elementes. 3.) die oben genannte Durchsäuerung und Durchlüftung des Teiges, und 4.) der Backprozess mittels der Wärme. Mit diesen vier Prozessen wurden also die vier Elemente, das Feste-Irdische, das Wasser, die Luft und das Feuer zum Zusammenwirken gebracht. Unschwer erkennen wir, dass es sich dabei um eine Nachbildung der Komposition der vier menschlichen Wesensglieder handelt, der physischen Leiblichkeit, der Bildekräfteorganisation, des Seelenleibes und des menschlichen Ich.

Getreidekorn - fest - physischer Leib
Teigbildung - flüssig - Belebung
Durchsäuerung und Durchlüftung - gasförmig - Durchseelung
Backprozess - feurig - Ichdurchdringung

Mit dem Geheimnis der Brotbereitung wurde also das Geheimnis der viergliedrigen menschlichen Organisation angesprochen und zugleich die wichtigen Prozesse der Durchseelung und Durchdringung mit dem Ich mittels einer Nahrung in die Wege geleitet, die aus dem Schoss der Tempel immer mehr hinaus in die allgemeine Ernährung der Menschheit dringen sollte. Das Brot wurde zu einem der grossen Erziehungsmittel der Menschheit.

Das lässt uns erneut den Blick lenken auf das Getreide-Mysterium der Göttin Demeter in Eleusis. Wir hatten uns klargemacht, dass der Ursprung der Getreide in den «Orakel» genannten Mysterienstätten der alten Atlantis zu suchen ist. Auch der Mythos spiegelt diesen «Sonnenursprung», d. h. den «Sonnenorakeln» entstammenden Weisheitsquell der Getreideschöpfung wieder. Demeter, die Mondengöttin, verbindet sich mit Zeus (Jupiter). Aus dieser Verbindung geht Persephone hervor. «Diejenigen aber, die im älteren Griechenland etwas gewusst haben von Einweihung, die haben in Zeus gesehen den ihnen erkennbaren Anführer der Sonnenkräfte». So stellt Rudolf Steiner dieses Geistwesen dar (in seinem Vortragscyclus «Der Orient im Lichte des Occidents», München 1909).[36] Zeus «lebt in den Wirkungen, die von der Sonne auf die Erde ausgeübt werden». Indem sich Zeus mit seiner Schwester Demeter verbindet, - so will uns der Mythos sagen, trat eine Befruchtung der Erdenkräfte durch die Sonnenkräfte ein. Demeter wird aber auch als «chthonische Göttin» geschildert. Darin drückt sich die Verbindung der menschlichen Seele mit den Erdenkräften aus: «es war wie eine Befruchtung der Chthon durch den Zeus», «heruntergesendet wurden im Physischen die Sonnenwärme und das Sonnenlicht», und mit ihnen «die wohltätigen Wirkungen des Zeus-Reichs, das alles befruchtete». Im Seelischen fand eine Befruchtung des Menschen mit Bewusstseinskräften statt, die ihm zugleich das Sinnliche als Geistiges erscheinen liess.

Zwei weitere Entwicklungsstufen werden uns von dem Mythos geschildert. Die erste wird dargestellt in dem Raube der Persephone durch Pluto, die zweite in der Einweihung des Königsohns Triptolemos in die Geheimnisse des Ackerbaus. Beide hängen innerlich zusammen und bilden ein Ganzes.

Persephone wird wie erwähnt dargestellt als die Tochter von Demeter und Zeus. Sie wird von Pluto geraubt und in die Unterwelt entführt. Doch schliesslich erwirkt Demeter von Zeus, Persephone wieder in die Oberwelt zu entlassen. Da sie jedoch bereits den Granatapfel gegessen hatte in der Unterwelt, musste sie nunmehr ein Drittel des Jahres dort verbleiben, durfte aber zwei Drittel fortan in der Oberwelt bei ihrer Mutter verbringen.

Diese Bilder sprechen eine deutliche Sprache. Sie bringen den Wandel des menschlichen Bewusstseins zum Ausdruck. Die menschliche Seele verliert ihr instinktives Geborgensein in der geistigen Welt, die alte Lichtwelt verblasst in ihr und muss der geistigen Verdunklung der Sinneswelt weichen. Pluto, der Repräsentant der irdischen Kräfte, gewinnt die Oberhand. Die menschliche Seele erlebt sich fortan im Erdenleibe, - jedoch nur, wenn sie sich zwischen Geburt und Tod verkörpert. Immer wieder aber kehrt sie aus dem Reiche der Vergänglichkeit in die Unvergänglichkeit der geistigen Welt, in den Schoss Demeters, ihrer Mutter, zurück.

Der Mythos hat nun eine Reihe von einzelnen charakteristischen Bildern entwickelt, die weiteren Aufschluss über seinen Geisthintergrund geben. So wird berichtet, dass nach dem Raub der Tochter die göttliche Mutter Unfruchtbarkeit über die Erde verbreitete, das Getreide verdorrte, so dass Menschen und Vieh vor Hunger starben. Hier sehen wir deutlich, wie der Bewusstseinswandel des Menschen mit seinen Ernährungsformen in Zusammenhang gebracht wird. Die alte Götternahrung der atlantischen Zeit schwindet dahin, die Menschen müssen lernen, selbst die Fruchtbarkeit der Erde hervorzubringen. Was sich in den gewaltigen Bildern von Abel und Kain offenbarte, tritt uns in anderer Form auch in dem Demeter-Mythos entgegen. Es ist zugleich die Wandlung der menschlichen Organisation selbst, auf die dabei hingedeutet wird. Die alte Ernährungsform, in der noch Ernährung und Atmung eine Einheit bildeten, verschwindet. Der menschliche Leib wird umorganisiert in ein Oben und Unten, einen Teil der sich durch die Sinnes- und Nervenorganisation der Welt zuwendet, ein anderer Teil, der im Stoffwechsel die Magen- und Darmorganisation zur Entwicklung bringt, um den Hunger nach der Erdenspeise zu stillen. Nur wenn der Mensch keinen Leib an sich trägt, nach dem Tode, wird er wieder der geistigen Welt angehören.

Auf ihrer Suche nach der geraubten Persephone wird sie in Eleusis freundlich von dem König aufgenommen. Dort säugt sie dessen neugeborenes Kind mit ihrer eigenen Milch, aber zugleich legt sie es nachts in ein Feuer, um es von allem, was sterblich in ihm war, zu reinigen. Doch sie wird dabei entdeckt und muss von ihrem Vorhaben ablassen. Wieder spricht der Mythos damit gewaltige Geheimnisse der menschlichen Entwicklung aus. Demeter versucht noch einmal, den Erdenmenschen, der menschlichen Seele, die alte Götternahrung zu reichen, noch einmal will sie im alles Irdische verzehrenden Feuer des Geistes ihn zu der göttlichen Heimat zurückbringen, - doch das erwachte Tagesbewusstsein der Menschenseele ist nicht mehr in der Lage, ihr dorthin zu folgen. Die plutonischen Wirkenskräfte, die im Stoffwechsel wurzeln, haben sie bereits dem irdischen Leben verbunden. Die Erdenspeise, der Granatapfel - hat das menschliche Bewusstsein verwandelt.

Nun aber geht der Mythos weiter und erzählt von dem bedeutsamen Ereignis, das sich in der inzwischen in Eleusis begründeten Kultstätte der Demeter durch diese vollzieht. Hier tritt der älteste Königssohn, Triptolemus, in Erscheinung. Die Göttin übergab ihm einen mit Drachen bespannten Wagen, den sie mit Getreide belud und befahl ihm, durch die Welt zu ziehen und die Menschen in der Kunst des Ackerbaues zu unterweisen. Zugleich hatte sie ihm, - wie eine Nacherzählung des Mythos aus der Goethezeit es ausgedrückt hat, «die Idee zu einem Pflug angegeben», damit er den Boden bearbeiten lernte. So wurde Triptolemos, der «Dreimalpflüger», der Erfinder des Ackerbaus, und ganz besonders des Getreidebaues, einer von kosmischen und irdischen Kräften gepflegten Nahrung für den Menschen, die freilich nun bis zur «Totreife» gedieh. Denn das menschliche Bewusstsein bedurfte einer neuen Ernährungsform, einer anderen Nahrungsqualität. Die Erde wird wieder fruchtbar durch die Taten der Menschen, nachdem die mütterliche Göttin ihren Sohn, Triptolemos, in ihre Mysterien eingeweiht hatte. «Es barg die weissliche Gerste der Boden auf Demeters Gebot ...» Nun aber sollte der Erde bald eine Mähne werden langhalmiger Ähren bei wachsendem Frühling, bald auf dem Grund der fetten Furchen gedrängte Schwaden wuchsen von Ähren, zu binden in Garben», heisst es in der ursprünglichen Übersetzung. Demeter weihte Triptolemos in ihre Weisheit ein, übergab ihm, was sie bisher selbst - im unterbewussten Schoss des Menschen waltend - getan hatte, - nun mit eigenen Kräften zu lehren und zu tun. Sie tat den Menschen «kund der heiligen Werke Offenbarung, die erhabenen, heiligen, die nicht erlaubt ist, zu übertreten, frevelnden Fusses, noch zu erforschen, noch auszuschütten heillosen Mundes der Menge.» Nur das menschliche Wissen, das sich der Einweihung erschliesst, kann der Menschenseele die Fähigkeit verleihen, die Fruchtbarkeit der Erde hervorzubringen, die Nahrung für den Menschen zu schaffen, die zugleich seinen Leib ernährt, wie seine Seelenkräfte befähigt, der Geisteswelt, der Unsterblichkeit, teilhaftig zu werden.

Sophokles, der selbst die Weihen empfangen hat, schildert diese mit bewegenden Worten:

«O dreimal selig jene Sterblichen,
welche die Weihen schauten, eh' sie abwärts schritten,
Ihnen allein ist Leben in der Unterwelt,
den andern eitle Drangsal nur und Not.»

Im Demeter-Mythos wird uns deutlich vor Augen geführt, wie ein unmittelbares Wechselwirken stattfindet zwischen den menschlichen Bewusstseinsformen und der Ernährung und wie gerade in den eleusinischen Mysterien jene Stufenfolge des menschlichen Bewusstseins vollzogen wurde, die Menschen, die in sie eingeweiht wurden, zu den mütterlichen, wie den väterlichen Kräften hinzuführen, sie die Kräfte der im alten instinktiven Muttertum waltenden Demeter-Weisheit erleben zu lernen, wie auch die Vaterkräfte, die eine neue Weisheit hervorbringen, ein neues Bewusstsein wie eine neue Ernährungsform. Rudolf Steiner hat in seinen Vorträgen über «Mysteriengestaltungen»[37)] dieses Geheimnis von Eleusis ergründet. Das Wort «Eleusis» bedeutet ja «das Kommen», der Advent. Und was da herannahte, das bekam der Schüler im Bilde vorgestellt, wenn er «das Allerheiligste» des Tempels betreten durfte: «die weibliche Gestalt, an ihrer Brust das Kind säugend.» Dann wurde er eingeführt in das Verständnis der Worte: «Und das ist der Gott Jacchos, der einst kommen wird.» So lernte der griechische Schüler voraus das Christusmysterium verstehen.

Vorbereitet auf dieses Bild wurde der Schüler bereits auf dem Wege der Prozession nach Eleusis. Dort trug der Kistophorus die heilige Lade der Demeter, mit kultischen Gegenständen in Backwerk nachgebildet und einem aus Weizen und Honig gebackenen Pflug. Damit wurde symbolisiert, dass der Einweihungsweg nach Eleusis zu gleicher Zeit ein geistiger war, der das Bewusstsein veränderte, aber im Wechselwirken mit der Leibesorganisation, die gewandelter Ernährungformen bedurfte. «Man könnte die ganze Welt einen Mythos nennen, der die Körper und Dinge sichtbarlich, die Seelen und Geister verborgenerweise in sich schliesst,» bekennt Sallust, und Rudolf Steiner fügte hinzu: «Man sah das, was man sagte, als eine tiefere Wahrheit an, die sich symbolisch im Mythos zum Ausdrucke brachte.» Auch die kultischen Symbole und Zeremonien sprachen diese tiefere Weisheit aus. Im Mittelpunkt des eleusinischen Kultes stand ein sakrales Mahl, bei dem die Formel der Mythen, die streng geheim war und erst viel später bekannt wurde, ertönte: «Hast Du Brot gegessen?» Auf diese Frage musste die Antwort gegeben werden: «Ich fastete, trank den Mischbecher, Wasser und Gerste, ich nahm Brot aus der Kiste, ich kostete, legte es in den Korb und aus dem Korb wieder in die Kiste.»

Dass der Drachenwagen des Triptolemos ursprünglich auch ein kultisches Gerät war, das im ganzen Orient als heiliges Symbol verehrt wurde, hat schon E. Hahn in seiner geistvollen Schrift über «Demeter und Baubo» aufgezeigt.[38] Er wies auch darauf hin, dass sich aus dem Wagen der Pflug entwickelt hat, ebenfalls als Kultgegenstand.

Triptolemos erfährt die Einweihung in die eleusinischen Mysterien als der Lehrer und Priester des Ackerbaus, als der mit seinem Ich «im Kampf Erfahrene und Erprobte», wie Fr. Creuzer auch seinen Namen deutet, um die plutonischen Erdgewalten zu besiegen. Mit seiner Einweihung vollzieht sich zugleich der Übergang von der alten mütterlich mondenhaften Demeterherrschaft, der Gynaikokratie, zu der Paternität, der männlich-sonnenhaften Welt. Die männlich-sonnenhafte Ichkraft ist es, die die Erde bezwingt, im Pflügen den Schoss der Erde eröffnet, und den Keim hineinversenkt in einem neuen Sonnenleben. Persephone wird darum auch mit dem Namen Daeo oder Daira belehnt, einem vielsagenden Wort, das einmal «brennen», aber auch «Gerste» bedeutete. Die Eingeweihten von Eleusis wurden als «Dairiten» bezeichnet. Man könnte die Dairisten in diesem Sinne auch die «Gerstenmänner» nennen. Sicher ist es kein Zufall, wenn immer wieder bei der eleusinischen Einweihung von der Gerste die Rede ist. Wir haben von ihrem Ursprung auf der alten Atlantis gesprochen. Sie wurde dem Mysten im feierlichen Augenblicke der Mysterienhandlung gereicht, er ass dann und erwarb sich die Kraft, das versunkene Atlantis geistig wieder zu schauen, aber ebenso die Fähigkeit, das Getreide als Speise für den Menschen in die Zukunft zu tragen. Die Gerste, vom «kulturbereiten Wildgras», wie Schiemann sie geschildert hat,[39] in der alten Atlantis gezüchtet, hinübergetragen von den wandernden Nachatlantiern in den grssen zentral- und ostasiatischen Kulturraum, war vielleicht schon auf diesem Wege im späteren Griechenland zurückgeblieben. Mit ihrer dreifachen physiologisch-biologischen Eigenart, der Zuckerkraft ihres Malzes, dem Kieselreichtum ihrer Grannen und der Schleimbildung ihres Korns hat sie seit Urzeiten eine besondere Aufgabe in der menschlichen Ernährung erfüllt. Die Gerste macht mit ihrem starken Eisengehalt den Menschen-Ich erdentüchtig, ohne es an die plutonischen Gewalten zu fesseln. Ihr Zucker-Malz regt die Ich-Organisation an, sich im Erdenleibe zu verkörpern, die Kieselkraft verleiht ihm formende Gestaltungsfähigkeit und die Schleimbildung deutet auf eine starke Bildekräftefähigkeit.

So breitete sich der eleusinische Demeterkult über die ganze Welt der Antike aus. In Rom fand er als Ceresdienst seinen Eingang und es wird berichtet, dass die römischen Cäsaren von Augustus bis Marc Aurel Eingeweihte der Eleusinien waren. Aber weit mehr noch strahlte das Geistliche von Eleusis bis weit in die christliche Kulturentwicklung hinein. Rudolf Steiner berichtet, dass die eleusinische Weisheit über Afrika nach Spanien gelangt sei und schliesslich im Mittelalter sogar in einzelnen Klöstern gepflegt worden ist. Doch wartet sie noch immer darauf, von den Menschen in ihrem wahren Wesen erkannt zu werden.

Äusserlich freilich hat Eleusis ein dramatisches Ende gefunden. Es erlag im Jahre 394 n. Chr. dem Ansturm der Ostgoten unter ihrem König Alarich. Diese waren schon früh arianische Christen geworden. Als Alarich mit seinem Heer vor den Toren Athens erschien, verschont er die Stadt und begehrte vielmehr, allein einen Rundgang durch die Tempel und Bauten zu machen, die er als Zeugnisse höchster Kultur verehrte. Aber in dieser Zeit wurde sein im Hafen Piräus lagerndes Heer unruhig, und als er zurückkehrte, konnte er die Krieger nicht mehr halten. Sie waren der Stadt und des Tempels von Eleusis ansichtig geworden und stürmten nun der im Abendlichte erglänzenden Mysterienstätte entgegen. Zwar trat ihnen der alte Nestorios, ein Neuplatoniker, entgegen, um sie zurückzuhalten und im Namen der Göttin Demeter zu beschwören, das Heiligtum zu schonen. Und noch einmal zögerten die Krieger, aber hinter ihnen drängten die christlichen Priester heran und spornten die Zweifelnden an, ihr Zerstörungswerk zu vollziehen. So fiel Eleusis unter dem Ruf der Stürmenden: «Christus panis» «Christus ist das Brot des Lebens». Denn sie trugen das Wort des Christus aus dem Johannes-Evangelium in ihren Seelen: «Ich bin das lebendige Brot, vom Himmel gekommen. Wer von diesem Brot essen wird, der wird leben in Ewigkeit.»

Die Botschaft des Melchisedek: Brot und Wein

Für das griechische Bewusstsein ist die Getreidenahrung hauptsächlich durch die Berührung mit der alten ägyptischen Kultur vermittelt worden. Von da aus mündete sie ein in die römische Welt und das beginnende Christentum.

Es führte aber noch ein anderer Weg dorthin. Er ging vom Ägyptertum aus und setzte sich in das alte Judentum fort. Auch dieser ist für unser Thema bedeutungsvoll und soll hier noch kurz skizziert werden. Er führt uns ebenso zurück in die atlantische Zeit der Menschheitsentwicklung. Albert Steffen hat in seinem Aufsatz «Über die Mysterien von Eleusis»[40)] auch auf diesen Strom hingedeutet: «Die Mysterien des Ackerbaus weisen auf die grosse Flut zurück. Mannigfach, in vielen Sagen, vor allem in der Gestalt des Melchisedek, wird darauf hingedeutet, dass die Kunst des Getreidebaus und der Brotbereitung in uralte Zeiten zurückreicht und über den Untergang von Atlantis in die folgenden allmählich historisch werdenden Epochen hinübergerettet wurde.»

Über Melchisedek sind wir - von Seiten der mythischen Überlieferung - vor allem durch zwei wichtige Dokumente unterrichtet: die sog. «Schatzhöhle», die sich in der Sammlung «Altjüdisches Schrifttum ausserhalb der Bibel»[41)] findet, und den «Sagen der Juden» einer mehrbändigen Sammlung herausgegeben von Micha bin Gorion.[42)] Beide vermitteln uns ein eindrucksvolles Bild der Geistesgestalt, die mit dem Namen Melchisedek verbunden ist. Sie soll uns hier besonders im Hinblick auf unser Thema beschäftigen.

Wiederum werden wir dabei in eine Urzeit der Menschheitsentwicklung geführt, wie sie uns in der alten atlantischen Kultur entgegentritt. Um zu einem Verständnis der Ernährungsformen jener Zeiten zu gelangen, hatten wir die grossen Gestalten von Abel und Kain betrachtet. Abel, der die alte Milchnahrung fortsetzt, dessen Tieropfer der Gottheit genehm ist, trägt bereits die Kräfte des Sündenfalls in sich, d. h. des Abgetrenntseins von dem Leben mit den göttlichen Schöpfermächten. Die Milchnahrung bedeutet für ihn einen Nachklang alter Entwicklungsstufen, hat aber doch Mondencharakter. Kain ist noch aus dem Paradies geboren und kennt darum die Gesetze von Gut und Böse noch nicht. Er trägt die Sonnenkräfte des Lebensbaumes in sich, doch ist die Welt, in der er lebt, bereits totdurchdrungen, hat die alte Sonnen-Lebenskraft veloren. In den «Sagen der Juden» heisst es darüber: «Zur Zeit der Sintflut, da glichen die Ähren des

Weizens den Zedern im Libanon. Die Menschen brauchten nicht zu säen und nicht zu ernten, sondern der Wind blies und klopfte die Körner aus, so dass sie sie bloss einzusammeln brauchten.» Inzwischen waren aber die Folgen der Sintflut eingetreten. Die Pflanzenwelt hörte auf, mit der Fülle ihrer Bildekräfte den Menschen wie von selbst zu ernähren. Die Worte erfüllten sich: «Der Acker, den Du bestellst, wird Dir in Zukunft nicht mehr alles geben, was er hat.» (Moses, Genesis 4,12). Kain war aber der Repräsentant der Menschheit, der sie lehrte, durch eigene Kunst und Wissenschaft Nahrung zu gewinnen. Er lernte die Todeskräfte, die auch in die Natur eingezogen waren, zu bemeistern. Er musste sich auch der Verheissung fügen: «Im Schweisse Deines Angesichts sollst Du Dein Brot essen» (daselbst 3,19).

Zum Verständnis dieser Entwicklung müssen wir aber noch weitere biblische Gestalten einbeziehen, bevor uns Melchisedek entgegentritt.

Gleichsam als Ersatz für den getöteten Abel wird dem Adam Seth geboren, der die Mondenströmung Jahwes fortsetzt. Er führt hinüber zu Noah, der die Menschheit über die grosse Flut hinwegrettet zur Begründung neuer Kulturen der nachatlantischen Zeit. In ihm verbirgt sich die grosse Gestalt, die uns schon als Utnapischtim im Gilgamesch-Epos entgegengetreten ist, die als der Manu der Inder überliefert ist, immer im Mittelpunkt stehend der Flutsagen, die von dem Untergang der alten Atlantis berichten. Als Noah der Bibel wird er vorgestellt als der Repräsentant der Menschheit, der «anfing, den Acker zu bestellen und den Weinberg zu pflanzen» (Genesis 9,20). Hier begegnen wir also dem Geheimnis von «Brot und Wein», das zu Melchisedek hinführt. Rudolf Steiner hat mit den Methoden moderner Geistesforschung erkannt, dass sich hinter dieser Gestalt kein anderer als der grosse Manu, der Noah der Bibel, verbirgt.[43)] Dort wird er der Priesterkönig genannt, der «Brot und Wein hervorträgt». So heisst es in der Begegnung mit Abraham: «Melchisedek, der König von Salem, trug Brot und Wein hervor. Er war ein Priester des höchsten Gottes und segnete Abraham ...» Die Schatzhöhle berichtete Weiteres über ihn: «Nachdem Melchisedek den Abraham gesegnet hatte, gab ihm Abraham den Zehnten von allem, was er hatte, damit er ihn an den heiligen Mysterien teilnehmen lasse, am Brot des Opfers und am Wein der Erlösung.»

Noah selbst ist es aber, der seinem Sohne Sem aufträgt, seinen letzten Willen zu erfüllen, den Leichnam Adams aus der Arche zu holen, und ihn am Mittelpunkt der Erde niederzusetzen. «Nimm Brot und Wein als Reisezehrung mit.» Dieser Mittelpunkt der Erde steht aber zugleich in

Verbindung mit der Entwicklung der Menschengestalt, ihrer Verhärtung, ihrer Ausbildung des Schädels als Knochenhülle um das Gehirn. Abraham steht als Symbol für diese Gestaltung, der «Ausmeisselung, Auskristallisierung eines physischen Organs» für das gedankliche Erfassen der Welt. Dieses Gehirn muss nun aber richtig ernährt werden, um als brauchbares Instrument für das Denken zu dienen. Dazu bedurfte es in den alten Zeiten sowohl des Brotes, wie des Weines. Das Brot, die Kain-Nahrung, die den Menschen in seiner Viergliedrigkeit abbildet, mit Hilfe der Durchsäuerung, Durchlüftung, Durchwärmung die seelischen und geistigen Kräfte zur leiblichen Verkörperung anregt, «die feste» Nahrung, die die Flüssige, kindliche von Milch und Brei ablöst. Auch darüber erhalten wir Aufschluss durch die biblische Urkunde. Im Hebräerbrief des Neuen Testamentes[44)] finden sich bedeutsamste Hinweise, zunächst auf Melchisedek, den «König des Friedens»: «Er hat weder Anfang der Tage, noch Ende des Lebens ... und bleibt Priester in Ewigkeit». Damit ist auf die unvergängliche Geistgestalt dieses Menschheitsführers hingedeutet. Und weiter unten heisst es: «und da Ihr der Zeit nach Lehrer sein solltet, habt Ihr wieder nötig, dass man Euch gewisse Anfangsgründe der Offenbarungen Gottes lehre und seid der Milch bedürftig geworden und nicht fester Speise. Denn wer noch Milch geniesst, der ist unerfahren im Worte der Gerechtigkeit, denn er ist unmündig. Die feste Speise aber ist für die Vollkommenen, deren Sinne durch Übung geschult sind zur Unterscheidung des Guten und Bösen.» In diesen Worten sind grosse Geheimnisse verborgen. Die alte Milch- und Breinahrung war noch einem Menschen angemessen, der in der Unschuld instinktiver Weisheit lebte, noch ein Kind war. Inzwischen ist er älter geworden, hat seine Gestalt vollendet, geformt, verhärtet, hat sein Ich verkörpert, schreitet von dem Mutterrecht zum Vaterrecht voran, ist mündig geworden, hat Sinne und Verstand ausgebildet, vermag diese zu schulen, um urteilsfähig zu werden, zur Freiheit sich zu entwickeln. Jetzt bedarf er der «festen Speise», der Brotnahrung, des «totreifen» Korns, Melchisedek weist ihm den Weg dahin, zur Schädelstätte, wo der Tod überwunden werden wird.

Auch die jüdische Offenbarung weist auf das «Kommende», wie Eleusis. Der Mensch, der zum Träger des Christusgeistes auserwählt ist, wird in Bethlehem geboren. Das heisst zu deutsch «Brothaus». Dann spricht auch das Alte Testament im Mythos von der Ährenleserin Ruth. Sie begibt sich nach Bethlehem, um sich dort als Magd und Braut vorzustellen. Indem sie als Ährenleserin durch die Kornfelder Bethlehems schreitet, bereitet sie sich, zur Mutter des davidisch-messianisches Geschlechts zu werden.

Die geistige Linie setzt sich fort bis zu der «Maria im Ährenkleide», wie sie später in der christlichen Kunst dargestellt wird. z. B. von Dürer. Andere Maler wiederum legten unter das Haupt des Jesuskindes im Stall ein Getreidebüschel. Bis in das keltische Schrifttum lässt sich dieses Motiv verfolgen, z. B. in dem alten gälisch-schottischen Weihnachtslied:

«Maria, Du Mutter der Wunder,
O hilf Du mit Deiner Stärke,
Dein Segen auf Speise und Tisch,
Dein Segen auf Ähre und Frucht ...»

Auch in den sog. «Brotsegen» der germanischen Völker klingt dieses Motiv auf. So lautet z. B. ein altbayrischer Vers:[45)]

«O lichter Gott, du gibst das Brot,
O lass es auch gedeihen,
damit wir Dir es weihen.
O Kaspar, Melcher, Balthasar,
bringt unser Brot dem Herrgott dar,
dass diese Gottesgabe
auch seinen Segen habe.»

Und ist hier nicht auch an das christliche Abendmahl zu denken, an die Hostie, das geweihte Brot, das im «Sanctissimum», der Monstranz des Altars zur Wandlung bereitgestellt wird? Rudolf Steiner hat in einem seiner Vorträge bedeutsame Worte darüber gesprochen: «Die Monstranz-Sonne in der Mitte, - Mond auf dem die Sonne darauf ist. Solange man wusste, dass es sich in dem Christus um ein Wesen von der Sonne handelt, hatte das einen guten Sinn. Denn was ist denn das, was da drinnen ist in der Monstranz? Das ist zusammengebackenes Mehl. - Wodurch konnte dieses zusammengebackene Mehl entstehen? Es konnte dadurch entstehen, dass die Sonnenstrahlen auf die Erde fallen, dass die Sonne Licht und Wärme auf die Erde fallen lässt, dass Getreide wächst und aus dem Getreide das Mehl wird. Das ist also ein richtiges Sonnenprodukt. Es ist wirklich, wenn man es so ausdrücken will: Körper, vom Sonnenlicht gemacht.»[46)]

Das Brot ist in die christliche Geistesströmung aufgenommen worden. Wir gelangen auch von der Seite der jüdischen Kulturströmung zu dem Wort, mit dem Eleusis unterging: «Christus panis ...»

Und der Wein? - werden wir fragen. Melchisedek bringt beide Gaben, Brot und Wein. Wir können zu dieser Frage hier nur einen kurzen Hinweis geben.

Wenn wir von Noah gesprochen haben, der «den Acker bebaute», denken wir auch daran, dass er «den ersten Weinberg pflanzte». So wie in der alten griechischen Kultur die Demeter-Strömung sich mit der dionysischen verbindet, findet sich auch in der jüdischen die Gemeinschaft von Brot und Wein. Der griechische Mythos erzählt, dass Persephone sich wiederum mit Zeus vermählt, und der ältere Dionysos, Dionysos Zagreus, wird geboren. Mit ihm beginnt der Weinkult. Auch die Traube reift in der Licht- und Wärmekraft der Sonne, wie das Getreide. Aber der Traubensaft wurde durch die Gärung verändert, - ähnlich dem Mehl, das zu Brot verbacken wird. Hier wie da entsteht Alkohol. Im Brot verdunstet er, aber im Traubensaft reichert er sich an. Wenn wir das Brot verzehren, bereiten wir in unserem Innern aus der Stärke den Zucker. Mit ihm sprechen wir unser Ich-Bewusstsein an. Im Traubensaft bildet sich der Alkohol, der die dionysische Kraft im Innern des Menschen entfesselte, im Rausche zum Ich-Erleben führte. In alter Zeit hatte das eine grosse Bedeutung für den Menschen, jenes Selbsterlebnis, jenes Selbstgefühl, das ihn selbständig machte, abschnitt von dem Erleben des Geistigen, sein Bewusstsein verdunkelte und hinunterzog in die Verdichtung der Leiblichkeit. So konnte der Wein die Menschen zum Bewusstseins-Fortschritt führen, - bis er in der Zeitenwende zurückverwandelt wurde in Wasser. Heute hat darum der Wein seine Bedeutung nicht nur verloren, sondern verkehrt. Der Pflanzenbildeprozess, der in der Brotbereitung ein Fortschreiten, eine Fortsetzung der Naturprozesse darstellt, wird beim Alkohol gleichsam zurückgebildet. Rudolf Steiner hat diesen Tatbestand der Alkoholwirkung auf den heutigen Menschen exakt formuliert: «Wir haben ein Gegen-Ich in dem Alkohol in uns aufgenommen, ein Ich, das direkt ein Kämpfer ist gegen die Taten unseres geistigen Ich».[47)] Alkohol schneidet den Menschen von allem Spirituellen ab, verhindert die Entfaltung des freien Menschentums, so wie er einst - in vorchristlicher Zeit - sein eigenes Innere durch ihn entdecken half.

Während das Brot in die Zukunft weist, deutet der Wein auf die Vergangenheit. Er hat seine Aufgabe erfüllt und ist heute zum Schädling geworden für die Menschheit.

Es gehört zu den Erkennntnisaufgaben des modernen Menschen, die Tätigkeiten des Alkohols zu durchschauen. Dabei sind Gebote und Verbote der heutigen Zeit nicht mehr angemessen. Vielmehr kann nur die eigene Einsicht, die eigene Urteilsbildung für sein Verhalten gegenüber dem Alkohol massgeblich sein. Sie wird aber demjenigen nicht schwer fallen, der sich ernsthaft mit den seelisch-geistigen Grundlagen der menschlichen Existenz beschäftigt. Im Sinne unseres Themas bildet gerade der Alkohol ein wichtiges Beispiel für das Wechselwirken irdischer Substanzen mit dem seelisch-geistigen Wesen des Menschen. Diese beruht hier im Wesentlichen darauf, dass der Alkohol weitgehend sich den Abbauwegen entzieht, die für die Nahrungssubstanzen in der menschlichen Verdauung durch seine eigenen Kräfte vollzogen werden, sondern sich unmittelbar in das menschliche Innere, das Blut, hineindrängt, um dort menschenfremde Wirksamkeiten zu entfalten. Darauf beruht wohl auch Rudolf Steiners Aussage von dem «Gegen-Ich», das durch diese Substanz wirksam wird. In diesem Sinne kann der Alkohol als eine Substanz erkannt werden, die - auch in kleinsten Dosierungen - den wahren Interessen des Menschen zuwiderläuft. Wenn der bedeutende Pharmakologe K. O. Möller seine Wirkungen mit den Worten beschrieben hat: «Es werden diejenigen Funktionen zuerst gelähmt, die den Menschen vom Tier und den Erwachsenen vom Kind unterscheiden,»[48)] so ist damit seine heutige Rolle als Menschenfeind trefflich charakterisiert. Denn wer wollte sich freiwillig seiner Tiernatur ausliefern oder kindisch werden, wenn er sich gleichzeitig darum bemüht, ein Kulturträger zu werden?

Ernährungsformen und Bewusstseinswandel

Mit diesen Hinweisen sind wir an das Ende gelangt der Darstellungen, die wir im Sinne hatten, zu der gestellten Thematik beizutragen. Wie wir schon am Anfang ausgesprochen haben, liegen ihnen ein doppeltes Anliegen zugrunde. Es sollte anhand von Beispielen aufgezeigt werden, wie der Mythos eine echte Erkennntnisquelle darstellt, der eine Brücke schlägt vom Erfassen des Seelisch-Geistigen zum Physiologischen. Und es war unser Bemühen, auf diesem Wege neue Einblicke und Einsichten zu gewinnen in das Wechselwirken zwischen der menschlichen Bewusstseinsentwicklung und den verschiedenen Ernährungformen. Dieses konnte freilich nur zu anfänglichen Resultaten führen, mit denen wir trotzdem hoffen, Anregungen gegeben und weiteren Forschungen Sinn und Ziel gewiesen zu haben.

Die vorliegenden Darlegungen haben von einer durch das mythische Bewusstsein erschliessbaren Urzeit der Menschheitsentwicklung auf verschiedenen Wegen bis zu der grossen Zeitenwende hingeführt, die mit dem

Christusereignis eingetreten ist. Hier beginnt nicht nur eine neue Phase der Bewusstseinsentwicklung der Menschheit, die sich dem Abklingen der mythischen Formen nähert und eine Wandlung zum historischen Bewusstsein anbahnt. Es wird dadurch auch der Übergang zu einer neuen Forschungsmethode eingeleitet, wie wir sie ebenfalls in den einleitenden Ausführungen dieser Schrift umrissen haben. Doch wollen wir an dieser Stelle nicht mehr dieses Problem weiter verfolgen, es vielmehr einer Darstellung in einem anderen Zusammenhang vorbehalten.

Ein Phänomen jedoch, das in diese Richtung weist, wollen wir hier noch in einigen Zügen umreissen, um dadurch einen Bezug zu der Gegenwart zu gewinnen.

Wenn wir die Spur, die uns die vorangegangenen Betrachtungen weist, aufmerksam beobachten, werden wir bemerken, dass eine bestimmte Tendenz darinnen wahrzunehmen ist. Wir erinnern uns, dass uns die Milch als eine Art von Urnahrung der Menschheit entgegengetreten ist. Freilich war damit nicht die Milch gemeint, die heute von Mensch und Tier gebildet wird, sondern eine Vorstufe, die noch einen anderen Charakter hatte. Sie war aber ebenso universell wie die spätere Milch. Wir können sie als eine «Ur-Eiweissatmosphäre» bezeichnen, in die das menschliche Wesen eingebettet war, die er einatmete, die ihn durchdrang und die ihn teilnehmen liess an der Lebenssphäre, die Erde und Kosmos durchdrang. Aber auch diese Sphäre ist schon als ein Abbild anzusehen einer ersten Urform der Ernährung. Wir haben diese Verhältnisse darzustellen versucht in dem 1. Band der «Dynamischen Ernährungslehre»[22)] und auch im Anfang der vorliegenden Ausführungen darauf hingedeutet. Methodisch wichtig erscheint dabei ein Hinweis Rudolf Steiners, der aufzeigt, dass auch der Charakter der Substanz selbst nicht der gleiche war, wenn wir auf diese Urvergangenheit von Erde und Mensch hinblicken. Wenn wir heute von Eiweiss sprechen, meinen wir eine chemisch-physikalisch bestimmte Substanz. Das können wir von diesem «Ur-Eiweiss» nicht sagen, und selbst dem heutigen Eiweiss gegenüber gilt die soeben gebrauchte Ausdrucksweise nur mit Einschränkung. Hören wir die Darstellungen Rudolf Steiners darüber: «Diese Erdumgebung war so geartet, dass, als später die Erde dichter wurde, aus dieser Umgebung das sich heraustrennte, sich herausdifferenzierte, was wir heute als Kohlenstoff, Wasserstoff, Sauerstoff, Stickstoff usw. bezeichnen. Aber das war da drinnen nicht so, dass man sagen konnte: diese damalige Eiweiss-Atmosphäre war daraus zusammengesetzt. Denn es hatte diese einzelnen Stoffe nicht als Teile». Vielmehr war diese «Atmosphäre» eine belebte, «war durchdrungen vom

Weltenall herein mit kosmischem Äther ...» Die uns heute entgegentretende verdichtete Substanz, differenziert in einzelne Bestandteile ist also ein Ergebnis späterer Entwicklung. «Es waren da nicht chemische Elemente im heutigen Sinne darinnen, aber es entstanden solche Bildungen, die an die Wirkungen der chemischen Elemente von heute gemahnen.»[37)]

Dadurch werden wir auf eine Ur-Ernährungsform des Menschen hingewiesen, die eine andere Qualität besass als spätere, in denen der heutige Materiezustand bereits eingetreten war. Es erscheint berechtigt, hier von einer Art «kosmischer Ernährung» zu sprechen, wenn wir über die Urernährungsform des Menschen eine zutreffende Anschauung gewinnen wollen. Doch müssen wir hinzufügen, was Rudolf Steiner im gleichen Zusammenhang ausführte: «Heute denkt man sich überhaupt bei allem, es sei zusammengesetzt, aber das ist ein Unsinn. Dasjenige, was man als gewisse höher geartete Substanzen kennt, das ist nicht immer aus dem zusammengesetzt, was dann erscheint, wenn man es analysiert, sondern die Dinge hören auf, in der höheren Substanz darinnen zu sein. Der Kohlenstoff ist darinnen nicht Kohlenstoff, der Sauerstoff nicht Sauerstoff usw., sondern das ist eine höher geartete Substanz.» Mit diesen Worten ist nicht nur im Hinblick auf das Eiweiss eine wichtige Aussage gemacht: dass auch das heutige Eiweiss noch eine Art Abbild, ein Nachklang dieser Ur-Eiweissatmosphäre darstellt. Auch methodisch ist für unser Verständnis einer solchen «höheren Substanz» bedeutungsvoll, dass die bloss analytisch festgestellte Zusammensetzung eines Nahrungsmittels in Wirklichkeit nur etwas über dessen Leichnam auszusagen vermag, der durch das analytische Verfahren aus der ursprünglichen belebten Substanz entstanden ist. Die eigentliche «Bildekraft» unserer Nahrung, seine wirkliche Qualität, ist daraus nur sehr bedingt zu erfahren. Die derzeitige Qualitätsforschung, die fast ausschliesslich auf die Analyse abstellt, kann also in ihren Aussagen nur beschränkte Gültigkeit beanspruchen.

Wenn die pflanzliche Schöpfung, der diese Eiweiss-Atmosphäre zugrunde liegt, in der Lage ist, die verschiedenen Elemente in ihre Lebensbildekraft aufzunehmen, so verschwinden damit auch ihre analytisch fassbaren Bestandteile in eine höhere Gestaltung. Das gilt auch für die wohlbekannte Tatsache, dass es kein lebendiges Eiweiss gibt, das nicht eine Reihe von Mineralien, wie Eisen, Magnesium, Phosphor etc. in sich integriert hat. Diese Mineralien sind in Wirklichkeit noch Ausdruck des Ur-Eiweisses, das aller Ernährung zugrunde liegt. Es weist gerade diese Tatsache auf den kosmischen Ursprung der Mineralien hin, wie wir ebenfalls zu klären versuchten in unserer «Dynamischen Ernährungslehre», aber ebenso auf den kosmischen Charakter der Urernährungsformen, wie letzten Endes aller Ernährungsformen.

Die Verdichtung, die Differenzierung der Substanz, die zur Entwicklung späterer Ernährungsformen geführt hat, ist also im ständigen Wechselwirken mit der Gestaltung der menschlichen Organisation wie mit der Bewusstseinsbildung des Menschen zu sehen. Daraus werden auch sowohl die Rassenbildungen, bei denen noch ein Teil dieser Organisation in einen besonderen Verdichtungszustand hineingelangte, wie die Ausbildung verschiedener Völker etc. verständlich. Und es wird einleuchtend, dass alle diese Gliederungen innerhlab der Menschheit ihre spezifischen Ernährungsformen entwickelten, wiederum im Wechselwirken mit den Rassen- Volks- etc. Eigenheiten, die wir kennen. Selbst eine italienische oder französische «Volksküche» ist letzten Endes auf eine solche Weise entstanden mit ihren typischen «Nationalgerichten». Schon in den alten grosssen Kulturen entstanden solche typischen Ernährungsformen, die dieses Wechselwirken mit den Bewusstseinsstufen der betreffenden Völker aufweisen. Dafür bildet z. B. die Reiskultur der alten orientalischen Völkerschaften ein interessantes Beispiel. Die Urinder, die noch in einem traumhaften Bewusstseinszustand lebten, ganz der geistigen Wirklichkeit zugeneigt waren, bevorzugten Reis-Ernährung. Dieser beförderte ihre Geistesart. Sie beschwert den Menschen nicht.

Aber auch die verschiedenen Richtungen, die die Jägervölker einschlugen im Gegensatz zu den Völkern, die der Pflanzennahrung den Vorzug gaben, zeigen solche Wechselwirkungen. Dafür bildet z.B. Zeugnis von Herodot ein bedeutsames Beispiel. Er charakterisierte die «getreideessenden Völker», indem er hervorhob, sie seien «durch Künste, Wissenschaft, Volkszahl, geistige und leibliche Bildung denen weit voraus, die von Krieg, Jagd, Viehzucht und Fischfang lebten».[22] Wir haben weiter oben klargemacht, wie das Getreide seinem Wesen nach eine Ernährungsstufe darstellt, die mit der Ausbildung der menschlichen Mitte, d. h. der Entfaltung der oberen Organisation als Bewusstseinsträger im Gegensatz zu der im Unterbewussten bleibenden Stoffwechselregion gerade durch seine Samenbildung zusammenhängt. Die tierische Nahrung hingegen regt mehr die Kräfte an, die diesem Stoffwechselgeschehen verwandt sind, den Emotionen, Leidenschaften, aber auch der Erdgebundenheit. Denn das ist das charakteristische des Tierwesens. Daher konnte auch die moderne Geistesforschung zu dem Resultat gelangen, dass der Mensch durch eine pflanzliche Ernährungsweise «viel empfänglicher bleibt für alles. was an geistigen Eindrücken und Erlebnissen das Nervensystem ihm vermittelt».[22]

Andererseits aber ist die tierische Ernährung der pflanzlichen insofern wesensähnlich, als beide durch das Abtöten gewonnen werden. Die Pflanzen müssen geerntet, von ihrer Lebensbasis abgetrennt werden, und die Tiere geschlachtet. Allerdings werden wir dabei differenzieren müssen, insofern als eine abgeschnittene Pflanze, z. B. ein Kohlkopf oder ein Getreidekorn, länger noch nachher von dem Nachklang ihrer Lebensorganisation durchdrungen bleiben, als die Tiere nach dem Töten. Grundsätzlich jedoch können wir verstehen lernen, wenn Rudolf Steiner darüber besonders im Hinblick auf die Wurzelnahrung sagte: «Alles, was unter der Erde wächst von der Pflanze, ist abgewendet von der Sonne, es entspricht demjenigen, was beim Tiere der mit Blut durchtränkte Körper ist.»[22] Tatsächlich ist mit dem Beginn der Wurzelnahrung ein tiefgreifender Bewusstseinswandel in der Menschheitsentwicklung verknüpft. Sie fällt mit dem wichtigen Ereignis der atlantischen Katastrophe zusammen, wie wir gesehen haben. Aber auch der Teil der Menschheit, der damals zur Fleischnahrung überging, konnte dadurch neue wichtige Eigenschaften erwerben. Zur Jagd wie zum Kriegführen gehören Mut, Geschicklichkeit, Tapferkeit wie auch die Ausbildung der Körperkräfte. Alles das war ebenso notwendig für die Menschheit. Denn es liess ihn die Erde erobern und beherrschen, liess ihn die irdische Welt mit dem Bewusstsein ergreifen. In dieser Hinsicht hatte die tierische Ernährungsform ihre berechtigte Aufgabe. Sie ist nur im Laufe der späteren Zeiten immer mehr überlagert worden von der gleichzeitigen Ausbildung des Geniessens, der überwuchernden seelischen Wollust, dem persönlichen Vergnügen, das die Tiernahrung in ihm entfaltet.

Gerade diese Seite der Tiernahrung hat nun aber eine besondere Verstärkung erfahren durch die Entwicklung der Fähigkeit, Alkohol zu produzieren. Wir haben schon davon gesprochen, wie Noah geschildert wird als derjenige, der «den Weinberg pflanzte». Auch die Alkoholbildung stellt eine Art von Abtötensprozess dar. Der Zucker wird noch weiter abgebaut durch den Gärungsvorgang, das urprünglich Pflanzliche zurückgebildet in Richtung auf das Mineralische. Rudolf Steiner nannte die Alkoholerzeugung einen «mineralisch-chemischen Prozess» und wir sahen, dass sie in diesem Sinne auch eine Aufgabe hatte, die sich im Bilde der Dionysoskultur darstellt. Sie rückt den Alkohol in die Nähe der Fleischernährung und macht auch die bevorzugte Kombination mit dieser verständlich. «Der menschliche Körper müsste vorbereitet werden zu der rein irdischen Kultur».[45] Diese Notwendigkeit hat er erfüllt, indem er mitwirkte bei der Entfaltung des Egoismus, der Entfesselung der tierischen Natur des

Menschen. Heute ist das völlig deplaciert, und es wäre von der grössten Bedeutung, wenn die zivilisierte Menschheit dies erkennen könnte. Noch viel notwendiger wäre es, wenn wenigstens diejenigen, die sich zu den Kulturträgern zählen möchten, die Wahrheit über den Alkohol in ihre Lebensgestaltung aufnehmen und sich klarmachen würden, dass schon die kleinsten Mengen genügen, um seine Wirksamkeit zu entfalten: «er schneidet den Menschen von allem Spirituellen ab».[47)]

Nun ist aber die Alkoholbildung wiederum verwandt dem Prozess, der bei der Pflanzennahrung zur Entwicklung des Brotbackens geführt hat. Nicht umsonst wird uns geschildert, dass die alten Ägypter die ersten Brotbäcker wie auch die ersten Bierbrauer waren. Zu beidem diente ihnen die Gerste. Wir gelangen auf diesem Weg zurück zu der keineswegs zufälligen sondern im Gegenteil tief begründeten Kombination von «Brot und Wein». Es geht uns hier der bedeutsame Zusammenhang zwischen der Pflanzen- und Tiernahrung einerseits, der Brot- und Weinbereitung andererseits auf, - mögen diese zunächst auch noch so weit von einander entfernt sein. Aber «der Wein entsteht dadurch, dass man die Pflanze tötet, dass man sie mineralisch behandelt.» Und «wenn man das Pflanzliche bäckt, tut man dasselbe, wie wenn man das Tier tötet.»[47)]

Wir haben versucht, diesem Rätsel auf die Spur zu kommen, auf die Melchisedek weist. Diese Geistgestalt ist ein Repräsentant der Entwicklung des Menschen, die zum Vollenden der menschlichen Organisation führt. Sie kann von den Kräften des Ich ergriffen werden und der Vorbereitung dienen des grossen Ereignisses an der Zeitenwende. «Wein» musste der Menschheit gereicht werden, um den Menschen vom traumhaften, instinktiven Geisterleben abzuschneiden. Seine Leiblichkeit musste so weit verdichtet werden, dass sie undurchlässig wurde für die spirituellen Erfahrungen der Vorzeit. Die Todeskräfte mussten in den Menschen einziehen bis in seine tägliche Ernährung. Darum wurde auch das Brot geschaffen, das verwandte Kräfte besitzt. Auch bei der Teiggärung entsteht Alkohol, doch wird er durch die Wärme des Backprozesses verdunstet. Er löst sich auf. Beide Prozesse haben mit dem Zucker zu tun, deren Wesensverwandtschaft mit den menschlichen Persönlichkeitskräften uns schon bewusst wurde. Doch während der Alkohol sich der niederen Seelenkraft des Egoismus zuwendet, und damit der Fleischnahrung sich ihrem Wesen nach nähert, weshalb wir ja auch sagen mussten, der Alkoholrausch will den Menschen zum Tier erniedrigen, entlässt das Brot den Alkohol und zurück bleibt die vierfache Komposition, die wir weiter oben dargestellt haben. Das Brot wird dadurch zum geistesgeschichtlichen wie auch bewusstseinsentwicklungsmässigen Hinweis auf die pflanzliche Ernährungsform schlechthin. Auch in dem christlichen Sakrament steht das Brot als Symbol für die Überwindung der tierischen Nahrung durch die zukünftige Menschheit. Rudolf Steiner hat es selbst so ausgesprochen: «Damit wollte (der Christus) einen Übergang schaffen von der Tiernahrung zur Pflanzennahrung». Die Pflanzenesser sind «die Vorstufe derjenigen Menschheit, die in Zukunft sein wird.»[19]

Dann wird ganz sicher auch der Wein zurückverwandelt sein in den Traubensaft, wie es bereits in den Schilderungen des Johannesevangeliums angedeutet wird, - wenn die Zeit dafür gekommen sein wird.

Ein neuer Gesichtspunkt zur Nahrungsqualität

Schon mit dieser, wie auch im Grunde genommen mit unseren ganzen Darstellungen haben wir uns einer Betrachtungsweise genähert, die wir methodisch-erkenntnismässig ihnen noch anfügen möchten. Wenn wir im Sinne Goethes den Versuch machten, eine neue Anschauung über die Ernährung zu gewinnen, so stand immer im Vordergrund die Bemühung, etwas von der «Idee» wahrnehmen zu lernen, nach der ein Nahrungsmittel hier in der Sinnenswelt gebildet ist, welche Ausgestaltung der «Typus» erfahren hat, der sich in bestimmter Art in einer Pflanzen- oder Tierart verkörpert. Fortschreitend auf diesem Wege, wird uns bei Goethe die Anschauung begegnen, allen sinnlichen Erscheinungen der Natur zugleich auch einen sittlichen Charakter beizumessen. Nicht nur an der Farbe, die uns einen solchen sinnlich-sittlichen Eindruck macht, der freilich heute meist unbewusst bleibt, auch die Formgestaltung ist in diesem Sinne Ausdruck einer Idee, die als der geistigen Welt entstammend, sich hier in seiner irdischen Erscheinung sinnlich-sittlich offenbart. Ja, wir müssen wohl noch einen nächsten Schritt machen: Wenn wir die Substanz, die Materie zu verstehen versuchen als die Mater, die grosse Stoff-Mutter, wie sie uns in der Erscheinung des «Mutterrechts», im Bilde der Göttin Demeter, entgegengetreten ist, so haben wir ganz gewiss auch die Möglichkeit, auch in ihr selbst ein verdichtetes Geistiges erfahren zu lernen, das uns mit der Qualität des Sinnlich-Sittlichen begabt entgegentritt.

Das Getreide, dessen Mutterschoss uns in dem alten demetrischen Kräftewirken entgegentrat, muss selbst aus solchen Qualitäten hervorgegangen sein, die sich im Sinnenschein in einer stofflichen Verkörperung zeigen, die zugleich das seelisch-geistige Wesen des Menschen anspricht, weil sie einer solchen Sphäre entstammt. Und so wird es mit allen unseren Nahrungsmitteln sein, auch mit der Weintraube z. B. von der wir zuletzt gesprochen haben.

Diese ganz neue Betrachtungsweise, - eine neue Methode der Ernährungsforschung - wird ganz sicher auch im Mythos ihren Ausdruck gefunden haben. In Wirklichkeit hatte ja auch der Mythos auf den Menschen eine moralische Wirkung. Es lebte in ihm eine sittliche Betrachtungsweise der Welt, die sich in sinnlichen Bildern aussprach, die der geistigen Wirklichkeit entstammen.

So liegt es nahe, auch gegen das Ende unserer Betrachtungen diesen Aspekt hier einzufügen mit einem Beispiel, dessen Geisthintergrund wir öfters im Vorangegangenen berührt haben. Wir meinen die Paradieseslegende. In ihr tritt uns - um nur ein Bild daraus auszuwählen - der Baum entgegen, an dem die Früchte reifen, mit denen die Schlange die künftige Erdenmutter Eva verführt: die Äpfel.

Warum wird uns der Apfelbaum als der «Baum der Erkenntnis» geschildert, von dessen Früchten Adam und Eva im Paradies verboten wird zu essen? Warum reicht die Schlange, in die sich das Verführerwesen einkleidet, der Eva den Apfel, die davon isst, ihn weiterreicht an Adam, der ebenfalls davon isst? Und warum werden sie dann aus dem Paradies vertrieben, - und wohin?

Diese Bilderwelt ist zu gewaltig, als dass wir sie hier auch nur annähernd ausschöpfen könnten.

Der Apfelbaum gehört bekanntlich zu jener grossen Gruppe von Obstarten, die mit atlantischer Weisheit in den frühen nachatlantischen Kulturen aus den Wildformen herausgezüchtet wurden. So weist noch heute das deutsche Wort «Pfirsich» auf seinen Ursprung «persisch» hin. Auch hier - wie bei den Getreidezüchtungen - gelang es, den überwiegenden Reproduktionskräften durch die Samenbildung eine Naturkraft hinzuzufügen mit der Ausbildung des Fruchtfleisches. Dieses ist aber hier ganz auf den Zuckerbildungsprozess hin orientiert, im Gegensatz zur Getreidestärke. Die Licht- und Wärmekräfte der Sonne sind unmittelbar tätig im Hervorbringen und Reifen der Substanz, die zur Zuckerbildung befähigt ist, d. h. die zunächst gebildete Stärke wird von der Frucht selbst im Verlaufe des Reifungsprozesses verzuckert. Es entstehen dabei Frucht- und Traubenzucker, in die hinein sich die Apfelsäure lagert, aus denen wiederum sich die spezifischen sog. Fruchtäther als weitere Aromaträger bilden. Der geringe Eiweissgehalt, wie auch die Mineralstoffe sind hauptsächlich in die Fleischmasse eingebettet, die auf der Grundlage einer reichlichen Flüssigkeitsmenge sich zum Träger der Lebens- und Bildekräfteorganisation des Apfels gestaltet. Der Wassergehalt wird im Durchschnitt mit 84% angegeben.

Zwei weitere Prozesse prägen sich noch dem Apfelbaum ein, wenn auch nicht so ausgiebig wie bei anderen Obstarten. Es sind die Gerbstoffbildung und der Blausäureprozess. Beide sind typisch für die Rosaceen, zu denen die Apfelgewächse bekanntlich gehören. Dazu kommen noch die Pectine, eine Art Rohfasersubstanz, die zum Gelieren Verwendung findet.

Durch seinen intensiven Zuckerprozess, durchdrungen von aromatischer Säuerung, orientiert sich der Apfel im Hinblick auf den Menschen in erster Linie zu dessen Stoffwechel, indem diese dort die seelisch-geistige Durchdringung der Substanz anregen. In dieser Richtung wird auch seine diätetische Wirkung zu suchen sein. Auch die anderen Prozesse, die Gerbstoff- wie die Cyanbildung deuten auf die Durchseelung des Leiblichen hin. Mit seiner Kugelform bildet der Apfel den Kosmos ab.

So kann sich eine erste Erkennntnis darüber anbahnen, warum der Apfel in der Paradieseslegende erscheint. In dem Augenblick der Menschheitsentwicklung, wo das Auseinanderfallen des früher einheitlichen geistigen Stromes des Lebens und der Erkenntnis eintrat, wo Atmung und Ernährung, Bewusstseins- und Befruchtungsfähigkeit sich polarisierten, wo das Männlich-Weibliche sich trennte, die Erdenspeise sich verdichtete, der Mensch in ein Oben und Unten sich aufgliederte, der Stoffwechsel zum Träger des Egoismus heranreifte, und nach oben hin das Gehirn als Erkennntnisorgan sich bildete, lässt sich alles dieses Geschehen in dem Bilde des Mythos abbilden, des Apfelbaumes, um den sich die Schlange als Verführer windet.

Rudolf Steiner hat in einem frühen Vortrage (vom 23. Okt. 1905) über diese Zusammenhänge das Folgende ausgesprochen: «Als das Weib vom Baume der Erkennntnis ass, legte es den Grund dazu, selbständig in der Weisheit zu werden, und somit aufzuhören, ein unselbständiges Werkzeug Jehovas zu bleiben ... Es setzte diese Kraft heraus, indem es ass und dem Manne von dem Apfel gab ... Es war Luzifer, der den Menschen auf diesen Weg brachte, um ihn selbständig zu machen. Dem widersetzte sich Jehova und erliess deshalb das Verbot, vom Baume der Erkenntnis zu essen. Das Weib aber isst und gibt dem Manne. Der isst auch, und dann folgt die

Strafe, von Jehova verhängt ... Das Weib ist nun nicht mehr durch sich selbst fruchtbar, sondern ist unfruchtbar geworden. Und damit, dass die Befruchtung nun von aussen kommt, ist auch die Möglichkeit eines solchen Todes in die Welt gekommen».

Durch seine Stoff- und Formkräfte ist der Apfel zum Real-Symbol dieser Geschehnisse geworden. Er begabt den Menschen mit dem, was ihn mit dem Zucker zur Persönlichkeit macht, mit der Säure durchseelt, mit dem Gerbstoff formt und dem Cyanprozess durchgiftet.

«Evas Apfel, er enthält
Mensch, die klein' und grosse Welt» -

so heisst es in einem Kalendergedicht von Albert Steffen.[49)]

Und diese Natur hat der Apfel durch die Zeitenläufe bewahrt. Gemahnt uns nicht die Sprache selbst daran, indem sie das Wort «Malum» für den Apfel und für das Böse formte? Im alten Latein wurde das gleiche Wort für Beides gebraucht, für böse, aber auch «schlecht, krank, übel» damit bezeichnet. Das lässt etwas erahnen von seinem «sinnlich-sittlichen Charakter». Im Übermass genossen mag er seine Apfelnatur zu einseitig im Menschen ausbreiten. In eine solche Richtung deuten die Worte Rudolf Steiners: «Sehr reichlicher Apfel-Genuss ist nicht für Jeden so vorteilhaft. Bei gewissen Menschen steigert er die Herrschsucht und führt oft zu Rohheit und Brutalität.»[50)] Hier finden wir eine solche Andeutung aus der modernen Geistesforschung für die sinnlich-sittliche Wirkung eines Nahrungsmittels. Es ist aber damit grundsätzlich auf eine neue Richtung der Ernährungsforschung aufmerksam gemacht, wie alle Substanz, alle Materie, - sei sie im Lebendigen, Durchseelten oder Durchgeistigten auf der Erde zu finden, - in ihrer Wirklichkeit eine verwandelte Geistigkeit darstellt.

Schliesslich aber wird auch auf ein weiteres Bild ein neues Licht geworfen, das die christlichen Maler oft verwirklicht haben: die Maria oder das Jesuskind selbst mit einem Apfel in der Hand. Dadurch wird angedeutet, wie der Apfel wieder seinem kosmischen Ursprung zurückgegeben wird. Aus der Hand der Schlange, des Verführers, durch die die Menschheit zum Erfahren des Bösen, der Krankheit, des Todes, auch der Sinneswelt, der Erdenaufgabe gelangte, nimmt Maria den Apfel entgegen, den sie dem Jesuskind reicht, dem kommenden Erlöser. «Eritis sicut deus, scientes bonum et malum», - dieses alte Weisheitswort, das Goethe in seinem «Faust» aufgenommen hat, «Ihr werdet sein wie Gott, mit der Erkenntnis des Guten und Bösen begabt», - es deutet auch einen Wandel der Ernährungsformen an, wie sie der Christus mit dem Abendmahl stiftet.

«Die Bedeutung des Abendmahls ist die, von der Ernährung mit dem toten Tier überzugehen zu der Ernährung mit der toten Pflanze». Wie können wir diesen Ausspruch Rudolf Steiners [14)] verstehen lernen? Wir hatten uns klargemacht, wie die Pflanzen- und Tiernahrung in die Menschheit gekommen ist. Erst durch das Abtöten und Zubereiten beider wurde der Mensch zum Ausbilden seines Erdenbewusstseins geführt, zum Gestalten seines Leibes gemäss seiner Erdenaufgabe. Im Vollzug dieser Entwicklung trat der Priesterkönig Melchisedek mit «Brot und Wein» hervor. Der Wein, der Alkohol, diente lange Zeit hindurch dem Weg in das Erdenbewusstsein, das den Menschen von dem Miterleben der geistigen Welt entfernte. Das ist inzwischen längst geschehen, und darum ist der Alkohol schon seit langer Zeit unzeitgemäss geworden. Er ragt aus der Vergangenheit in die Gegenwart hinein und will den Menschen am Fortschritt hindern.

Mit der Alkoholbereitung ist aber, wie wir schon hervorhoben, auch ein Weg beschritten worden, der mit der Tötung von Pflanze und Tier begann. Es ist der Weg der Mineralisierung unserer Nahrung. Alkohol ist in diesem Sinne kein eigentliches Naturprodukt, sondern eine Rückbildung der Natur vom Lebendigen in das Anorganische, Leblose hinein. Dieser Weg wurde auch mit dem Brotbacken beschritten. «Brot ist im occulten Sinne dasjenige, was entsteht, wenn man die Pflanze erst getötet hat.» Das Brotbereiten steht zugleich für alle Zubereitungen der Nahrung, die den Naturprozess der Pflanze weiterführen in eine «Mineralisierung» hinein. Es entstehen neue Substanzen, die die Natur nicht bildet, wohl aber das menschliche Innere. Das Brotbereiten ist aber zugleich ein Prozess, der auf das Salz hindeutet, jenes Mineral, das als einziges direkt vom Menschen aufgenommen werden kann und muss. Indem die Menschheit zu Brotessern wurde, entwickelte sich auch das Salzbedürfniss. Auch das Brot selbst bedarf des Salzes. Mit dem Kochsalz lernte der Mensch seiner Nahrung etwas hinzuzufügen, was er unmittelbar der Erde selbst entnahm. Die Urnahrung Milch ist bis heute salzarm, auch die Pflanzennahrung als solche. Mit der tierischen Nahrung wuchs das Salzbedürfnis, und heute sind wir beim Übersalzen der Nahrung angelangt, die nicht mehr der menschlichen Gesundheit dient, sondern ihn zu stark mit der irdischen Leiblichkeit verbindet.

Vom mythologischen Bewusstsein zur modernen Erkenntniswissenschaft

In den vorangehenden Kapiteln ist an einer Reihe von Beispielen der Versuch unternommen worden, die Mythologie als eine Stufe der Menschheisentwicklung zu begreifen, die sich zugleich in der Entwicklung der Ernährungsformen spiegelt. Dabei konnte schon deutlich werden, dass dieses mythologische Bewusstsein sich auf eine menschliche Organisation gründete, die im Wechselwirken mit seinem geistig-seelischen Wesensanteil eben diese Bewusstseinsart hervorbrachte und unterhielt. Eine solche menschliche Organisation war aber zu gleicher Zeit das Ergebnis von Wechselwirkungen zwischen ihr und ihrer Umwelt. Mit anderen Worten, die Ernährung als einer der wesentlichen Prozesse, die sich zwischen dem menschlichen Innern und seiner Umwelt (übrigens besser als «Mitwelt» bezeichnet) abspielen, in den menschlichen Ernährungsformen können wir einen solchen Spiegel der Bewusstseinsformen entdecken, ja, diese Ernährung selbst trägt wesentlich bei zu den Bewusstseinsformen, die sich jeweils in der menschlichen Evolution darlebten. Wir können daher auch die Frage stellen, ob sich hier bestimmte Entwicklungsgesetze manifestieren, die eine bestimmte Bewusstseinsart bzw. eine bestimmte Ernährungsform hervorbringen, bzw. durch ihr Wechselwirken bedingen. Das hiesse aber u a. auch die Frage stellen, ob und wie das gegenwärtige menschliche Bewusstsein mit den heutigen Ernährungsformen in Beziehung steht. Oder es würde sich die Frage ergeben, ob eine frühere, dem mythologischen Bewusstsein angemessene Ernährungsform dem gegenwärtigen menschlichen Bewusstsein entsprechen könnte, oder wir heute und in die Zukunft hinein andere, neue Ernährungsformen brauchten, um das erwähnte Wechselwirken zeitgemäss zu wandeln.

Der damit angesprochene Fragenkomplex würde bei hinlänglicher Darstellung freilich den Rahmen dieser abschliessenden Betrachtung sprengen müssen und kann schon aus diesem Grunde hier keine umfassende Beantwortung erfahren. Diese würde aber auch die Thematik dieser Schrift erweitern müssen, um ihr nur einigermassen gerecht werden zu können. Somit können wir hier nur eine Skizze vorlegen, die dem Thema im engeren Sinne gewidmet ist und sich mehr oder weniger unmittelbar an die vorangehenden Kapitel anschliesst. Dennoch scheint es uns am Platze, zugleich eine wesentliche Erweiterung unserer Thematik vorzunehmen, die einen gegenwartsbezogenen Aspekt unserer Bemühungen eröffnet. Dadurch möchten wir die Darstellungen dieser Schrift in neuer Art aktualisieren und einen Beitrag zu geben versuchen zum Verständnis und zur Besinnung gegenüber so schwerwiegenden und schreckenerregenden Bedrohungen der menschlichen Existenz in unserer Zeit.

Vielleicht gelingt es uns, an anderer Stelle die hier entworfene Skizze weiter auszuführen und zu vertiefen.

* * *

Die grossartige Bilderwelt, wie sie uns in den Zeugnissen der alttestamentarischen, griechischen und nordischen Bilderwelt, die wir in den vorangehenden Darstellungen abgehandelt haben, legt ein beredtes Zeugnis ab für das Weltbild jener alten Zeiten der Menschheitsentwicklung. Sie sind aus einer Konstitution des Menschen hervorgegangen, die geistig-seelisch-leiblich einem Bewusstsein entsprach, das das Hervorbringen und Leben in dieser Bildersprache als kulturschaffendes Element entwickelte und pflegte. Diese Bewusstseinsart wirkte bis in die Zeit der alten griechischen Kultur fort, hat aber ihren Ursprung in den von der modernen Geistesforschung beschriebenen Zeiten der alten atlantischen Kulturen und fand in den frühen nachatlantischen Zeiten ihren Höhepunkt. Im klassischen Griechenland war schon mehr die Erinnerung an dieses alte mythische Bewusstsein als sein originäres Schöpfertum vorherrschend.

Fragen wir, worauf dieses mythische Bewusstsein sich konstitutionell im Menschen begründete, so werden wir zu vielfältigen Hinweisen geführt, die uns zeigen können, wie stark die damalige Menschheit sich geistig-seelisch-leiblich von der gegenwärtigen unterschied. Dies bedingte auch andere Ernährungsformen, wie eine andere Ernährungsphysiologie. So war noch in der griechischen Frühzeit die Sinneswahrnehmung mehr nach der aktiven Seite hingerichtet, das Meer z. B., einem Zeugnis auf einer bemalten Schale entsprechend, als «weinrot» bezeichnet, und Rudolf Steiner beschrieb dieses aktive Wahrnehmungsbild dahingehend: «Der Grieche nahm nicht nur die Röte der Rose wahr, sondern er nahm auch den Gedanken der Rose wahr, ein rein Geistiges nahm er wahr».[1] Wir können daraus ersehen, dass damals das Verhältnis Blut–Nerv ein anderes war als heute und dementsprechend auch das Verhältnis Wahrnehmung–Begriff nicht dem jetzigen Erkenntnisvermögen entspricht.

Fragen wir, warauf diese andere Sinneswahrnehmung beruhte, so können wir konkreter noch antworten: sie bestand im Wesentlichen auf einem anderen Verhältnis der menschlichen Wesensglieder zueinander, wodurch auch ihre Qualität eine verschiedene war gegenüber der Gegenwart. Was die physische Leiblichkeit betrifft, so war diese erst auf dem Wege zu der Verfestigung, Verhärtung und Gestaltung, wie sie uns später entgegentritt. Vielmehr war der Flüssigkeitsanteil des Leibes noch höher, vergleichbar dem der meisten heutigen einjährigen Pflanzen, und dadurch war dieser noch viel mehr von Lebenskräften durchzogen, d. h. die Lebensorganisation war bedeutend stärker. Dies prägte sich auch darin aus, dass das Wasser selbst «auf der ganzen Erde viel dünner war als heute». Deshalb «genoss der Atlantier ein Wasser, das von der in seinem eigenen Körper herrschenden Lebenskraft ganz anders verarbeitet werden konnte, als dies im heutigen physischen Körper möglich ist».[2] Mit solchen Lebenskräften begabt, konnte der damalige Mensch auch willentlich seine physischen Kräfte steigern und vermehren, - eine Tatsache, die in den alten Mythen immer wieder dargestellt wurde. Vom «Riesen Goliath» des alten Testaments zum Polyphem der Odyssee und dem Riesen Ymir der nordischen Mythologie gibt es zahlreiche Zeugnisse dafür. Auch die Proben des Herakles beziehen sich teilweise noch auf die Bezwingung solcher mit Riesenkräften begabten Wesen. So wird z. B. als zehnte Arbeit des Helden die Bezwingung des Riesen Geryones berichtet, «mit drei Köpfen und sechs Armen und Füssen». Damit wollte man die Fülle der Lebenskräfte solcher Wesen zum Ausdruck bringen.

Die Geistesforschung hat diesen frühmenschlichen Zustand so beschrieben, dass sie von einem «noch plastischen und biegsamen» menschlichen Leib sprach, der dafür sorgte, dass der Ätherleib - die Lebensorganisation - nicht vollständig mit irgendeinem Teil des physischen Leibes zusammenfloss. Dies trat erst später ein, gegen Ende der «atlantischen Zeit».[1]

Wenn wir diese Forschung berücksichtigen, müssen wir auch ein anderes Bild des inneren Organismus des Menschen zeichnen, in dem bis heute noch immer viel mehr solche alten Zustände bewahrt sind. Die Verdauung, und auch die Ernährung, ja damit auch die ernährende Natur, müssen in jenen Zeiten noch viel mehr dem Flüssigen und den höheren elementarischen Zuständen, d. h. dem Luftigen und Wärmehaften verwandt gewesen sein.

Ein schönes und bedeutsames Beispiel dafür bietet uns die Getreidenahrung, von der wir in unserem Demeter-Kapitel als einer Urnahrungsquelle gesprochen haben. H. Gamarith, die bedeutende Forscherin auf diesem Gebiete, hat über die «noch milchigen, erst im Werden befindlichen Früchte» gesprochen[3], die man damals noch «roh» zu essen vermochte. Und die noch heute sich vollziehende vierfache Reifung des Getreidekorns von der «Milchreife» über die «Gelbreife» und «Vollreife» zur «Todreife» spricht sehr deutlich von der Verhärtung und Formgestaltung, die in ähnlicher Weise der menschliche Leib selbst vollzog. Wir haben diese Verhältnisse in Bezug auf das Getreide bereits an anderer Stelle ausgeführt[4], wollen jedoch hier festhalten, dass die menschliche Organisation selbst im Wechselwirken mit seiner Nahrung und Umwelt sich erst allmählich die Fähigkeit erworben hat, das Feste, Mineralisierende, aufzulösen und zu bezwingen. So wird auch wiederum verständlich, warum die Milch die Urnahrung des Menschen war, – und diese Milch selbst auch noch viel lebendiger war, – wovon wir in unserer Herkules-Abhandlung gesprochen haben.

Diese gewaltige Lebenskraft, die der Mensch mit der Natur einsog, war es auch, die in jenen Zeiten die Anwendung äusserer Wärme, des Feuers, zur Zubereitung von Speisen überflüssig macht. Erst als Prometheus das Feuer vom Himmel brachte, wie es der Mythos erzählt, begann der Mensch ein Eigenfeuer zu entwickeln, Eigenwärme zu entfalten und damit zugleich durch die Bildung des warmen Blutes die Grundlage für die Verkörperung eines individuellen Ich-Wesens in seiner Leiblichkeit zu schaffen. «Vorher gab es draussen noch kein Feuer, das war erst da, als drinnen im Menschen auch das Feuer entstand».[2] Der Mensch reifte heran, wie seine Nahrung. Vorher jedoch galt noch, was der Dichter Albert Steffen den grossen Urzahn Noah aussprechen lässt:

> «Ja, ehemals vor der Flut, gab es Getreide –
> mit markig-dicken, milchdurchdrungnen Ähren,
> nach den Gestirnen duftend, sieben Sorten,
> und wer sie ass, der wurde niemals krank».[5]

Mit diesen Worten wird das ganze Menschheitsdrama angedeutet, das sich bis in die Griechenzeit hinein vollzog: die Verdichtung, Verhärtung, Gestaltung des physischen Menschenleibes, der sich damit immer mehr absonderte von seiner Umwelt, die Grundlage zum Selbstbewusstsein schuf, das mit dem warmen Blute zugleich den Selbstsinn, die Selbstsucht verlangte. Demgegenüber wurde auch das Miterleben des Menschen, der bis dahin überall für ihn wahrnehmbaren geistigen Welt, seiner Götterwelt, wie sie die Mythologien schildern, abgeblasst, dem Vergessen preisgegeben. Das uralte instinktive, traumhafte Hellsehen erlosch in dem Masse, wie das Eigenlicht im Inneren aufzuleuchten begann. Mit ihm verhärtete die Natur seine Nahrung. Und im Wechselwirken damit mussten Organe geschaffen werden, die dieser Verhärtung gewachsen waren, – die Zahnbildung erfolgt, auch Magen und Darm müssen ausgebildet werden, dazu die

Lunge, um die äussere Luft heranzuführen. Kurzum, die Konturen der bis in die Gegenwart ausgebildeten inneren Organe werden sichtbar, – wie wir es noch heute im Embryonalleben beobachten können, als «Ontogenese», die die «Phylogenese» wiederholt.

Mit dieser Entwicklung schwindet auch das mythologische Bewusstsein dahin, macht Platz einem ebenso bedeutsamen Schritt, der sich mit dem Menschenwesen vollzieht und sich schon lange stufenweise vorbereitet hat, der Schaffung einer Bewusstseins-Organisation mittels Ausbildung seines höheren Nervensystems, bis hin zum Gehirn, um ein Instrument für die menschliche Intelligenz zu schaffen.

Als früheste Bildung tritt das «vegetative Nervensystem» auf, das bis heute sich am meisten den Zusammenhang mit der Lebensorganisation bewahrt hat. Es durchsetzt auch am stärksten die Verdauungsorgane und dient hier als Werkzeug für die unterbewussten Tätigkeiten, die durch kosmische Kräfte reguliert werden. «Die Nervenorgane, die da in Betracht kommen, sind von sich aus vorzüglich nur lebende Organe»[6]. Wir können in ihnen den Vermittler des alten hellseherischen und mythologischen Bewusstseins der Menschheit erblicken.

Erst mit der weiteren Verdichtung des menschlichen Leibes wird die Bildung des Rückenmark-Nervensystems möglich. Dessen Gestaltung schildert der ägyptische Mythos in grossartiger Weise als die Taten der Gottheiten Osiris und Isis. In seinem Vortragszyklus über «Ägyptische Mysten und Mysterien»[7] hat Rudolf Steiner diesen Werdeprozess dem Verständnis des heutigen Bewusstseins zugänglich gemacht. In späterer Zeit, in Griechenland erscheinen die 28 bzw. 31 Nervenpaare des Rückenmarks als die Leier des Apollo, auf denen der Gott mit dem Seelenleben des Menschen spielt. Nur wird im Bilde ausgedrückt, wie die Seelenorganisation, die reflektiv im Menschen wirksam ist, diese mittlere Nervenorganisation als Werkzeug benützt.

Während in dem unteren Nervengebiet die Blutkräfte im Unterbewusstsein schaffend die innere Organwelt aufbauen und deren Tätigkeit mit Hilfe des «vegetativen Nervensystems» regulieren, sind in dem mittleren Gebiet durch das Zusammenwirken der Bluts- und Nervenkräfte die Bewegungsorgane, in erster Linie die Muskeln, die aufgebaut und deren harmonisches Zusammenspiel in Spannung und Lösung wie ein ständiges Spiel von Tönen und Akkorden erklingt.

Und erst im Heranreifen zu den Bewusstseinskräften, die durch das Eingreifen des Ich geschehen, baut sich die dritte Nervenorganisation auf, deren höchste Ausgestaltung und Differenzierung das menschliche Gehirn erreicht. Auch hier ist es wieder das Zusammenwirken des Blutes mit der Nervenorganisation, die als Werkzeug für die Erzeugung der Bewusstseinsformen dient, die im menschlichen Ich-Bewusstsein erscheinen. Auch diese Bildung hat der Mythos dargestellt. Wir haben sie in der nordischen Bilderwelt von dem Riesen Ymir gefunden. Aber auch die Mythologie der frühen fernöstlichen Kulturen, der alten Inder und Perser hat dieses gewaltige Bildungsgeschehen in grossartigen Bildern festgehalten. Da wird von den 28 Izards gesprochen, die durch ihre Tätigkeit die Rückenmarksnerven verdichten und den Wesen die persische Bilderwelt als Amshaspands bezeichnet hat. «Bevor der Mensch reif war, die höheren Kräfte der Amshaspands in den Rumpf aufzunehmen, war er schon reif, die Kräfte der Izards einfliessen zu lassen, die sich ausdrücken in seinen niederen Nerven. So, wie die (zwölf) Ströme in die Kopfnerven hineinfliessen und sie aufbauen, so fliessen die Ströme der 28 Izards in den menschlichen Rumpf hinein, der früher als Kopf aufgebaut war, bevor der Mensch die Kräfte der Amshaspands aufnehmen konnte».[8] So erläuterte Rudolf Steiner an den Bildern der altpersischen Mythologie das grosse hermetische Weltprinzip, wie es die alten Ägypter nach ihren führenden Eingeweihten und Gott Hermes genannt haben: «Es ist unten alles wie oben» und umgekehrt: «Es ist oben alles wie unten».

Dieses gewaltige, damals noch dem instinktiven hellseherischen Vermögen zugängliche Weisheitswort ging für die menschliche Erfahrung immer mehr verloren, je stärker die Kräfte wirksam wurden, die das Gehirn im Zusammenhang mit dem Blut zur Krone der irdischen Schöpfung des Menschen heranreifen liessen. Jetzt nämlich trat ein neues Prinzip in immer stärkerer Wirksamkeit in Erscheinung. Es ist das Prinzip, das die höhere Nervenbildung charakterisiert und sich polar zu den Aufbaukräften des Blutes betätigt: das Abbauprinzip, das Prinzip, das als Beherrschendes die menschliche Evolution prägt, *das Zurückdrängungsprinzip.*

Ein grosser Physiologe des 19. Jahrhunderts hat dieses Prinzip, dessen Weltbedeutung erst durch die Geistesforschung Rudolf Steiners in das volle Licht der Erkenntnis gehoben werden konnte, in bedeutsamen Worten wohl erstmalig ausgesprochen. *Carl Fortlage* schreibt in seiner 1869 erschienenen Abhandlung «Acht physiologische Vorträge»[9]: «Wenn wir uns lebendige Wesen nennen und so uns eine Eigenschaft beilegen, die wir mit Tieren und Pflanzen teilen, so verstehen wir unter dem lebendigen Zustand notwendig etwas, das uns nie verlässt, und sowohl im Schlaf als auch im Wachen stets in uns fortdauert. Dies ist das vegetative Prinzip der Ernährung unseres Oganismus, ein unbewusstes Leben, ein Leben des

Schlafs. Das Gehirn macht hier dadurch eine Ausnahme, dass dieses Leben der Ernährung, dieses Schlafleben bei ihm in den Pausen des Wachens überwogen wird von dem Leben der Verzehrung. In diesen Pausen ist das Gehirn einer überwiegenden Verzehrung preisgegeben und gerät in einen Zustand, welcher, wenn er sich auf die übrigen Organe miterstreckte, die absolute Entkräftigung des Leibes oder den Tod zuwege bringen würde». Und weiter: «Das Bewusstsein ist ein kleiner partieller Tod, der Tod ist ein grosses totales Bewusstsein, ein Erwachen des Wesens in seinen innersten Tiefen».

Es bleibt erstaunlich, dass die profunden Erkenntnisse, die Fortlage damit ausgesprochen hat, bis heute im Wesentlichen weder von der Physiologie noch der Psychologie in ihrem Werte erkannt worden sind. Einzig Rudolf Steiner hat dies getan, indem er die bedeutungsschweren Worte dem oben wiedergegebenen Zitat aus Fortlages Schrift hinzufügte: «Fortlage steht mit solchen Gedanken am Ausgangspunkt der Anthroposophie».

Folgen wir darum zunächst noch ein Stück weiter den Gedanken von Fortlage. In der genannten Abhandlung «Über die Natur der Seele» finden wir vorerst folgenden inhaltsschweren Satz zum Thema des menschlichen Bewusstseins: «Das Bewusstsein gehört zu denjenigen Naturprozessen, welche die Kraft, wodurch sie existieren, durch ihre Existenz aufzehren». Hier wird – vom Verfasser selbst sperrgedruckt – zum ersten Mal der Begriff des «Zehrenden» ausgesprochen und anschliessend begründet. Fortlage zieht daraus die Folgerung: «Der ursprüngliche und erste Zustand unseres Organismus ist nicht das Wachen, sondern der Schlaf». Mit Recht bemerkt er, dass vor der Geburt «wo die Lebenskräfte erst den Leib noch zu bilden haben, der Mensch fortwährend schläft», und auch das neugeborene Kind setzt das Schlafen fort.

An solche Einsichten konnte die Geistesforschung Rudolf Steiners unmittelbar anknüpfen, indem er dazu aufforderte, auf diese «Bildungskräfte» des Organismus sachlich hinzublicken. Diese sind im niederen Organismus, – und auch im Schlaf – plastisch aufbauend tätig. Aber der Mensch kann sie aus seinem Organismus herausheben, und «hat sie dann in seinen geistig-seelischen Funktionen»: «Wenn ich denke oder fühle, so denke und fühle ich mit denselben Kräften, die da im niederen Tier oder in der Pflanzenwelt plastisch tätig sind»[10].

Fortlage spricht davon, dass «die Tätigkeit des Bewusstseins ihre vegetative Lebenskraft verschwendet», meint aber damit, dass «das Bewusstsein ein steter Verflüchtigungsprozess der Lebenskraft» sei, und daher die

Pflanze, weil sie im rein Vegetativen sich erschöpft, «von einer solchen Verschwendung noch nicht das mindeste weiss». Denn «alle sich neu aufhäufenden Lebenskräfte schiessen bei ihr ins Laub, werden verbraucht zur Ansetzung neuer Blätter, Blüten und Früchte . . . ». Daher nennt er die Pflanzen «Geschöpfe des Diesseits», während der Mensch «das Geschöpf des Jenseits» ist, das «seine Kräfte nur sammelt, um sie einem Höheren als es selbst ist, zu opfern . . .». Aber «sich zu opfern für die geistigen Interessen, das ist das Gesetz der Geisteswelt . . . ».

Solche Worte zeigen uns, wie nahe Fortlage zentral wichtigen Erkenntnissen über das Wesen des Lebens und des Bewusstseins gekommen ist. Rudolf Steiner formulierte darüber: «Es besteht ein vollumfänglicher Parallelismus zwischen dem, was wir innerlich-seelisch erleben und dem, was in der äusseren Welt gestaltende Naturkräfte, gestaltende Naturprinzipien sind»[10]. Diese Naturkräfte sind es, die sich im Pflanzen- und niederen Tierreich plastisch-organisch betätigen, und kein anderes, als ein Tiefschlaf-Bewusstein erzeugen können, während ein allmähliches Erwachen zu höheren Bewusstseinsformen mit einem Zurückdrängen solcher Naturkräfte verbunden ist. Diese werden dann aus den entsprechenden Organen teilweise *«herausgehoben»*. Und da stellt sich die Frage, die auch Fortlage bereits konkret beschäftigt hat, nach dem «Leben der Ernährung» solcher Organe und Tätigkeiten, die dem Bewusstsein dienen. Dabei kommt er zu folgenden bemerkenswerten Überlegungen. Wenn das Bewusstsein, durch das Gehirn vermittelt, ein solches «Leben der Verzehrung» darstellt, so ist es beim Menschen doch insofern eine Hilfe, «indem es ihm für die Herbeischaffung der Nahrung und der übrigen Lebensbedürfnisse mit behilflich ist». Also die höhere Kultur des Menschen, wodurch er seine Nahrung bewusst schaffen, auswählen, zubereiten lernt, verdankt er gerade jener verzehrenden Kraft, die dieses Bewusstsein hervorruft! Aber gerade diese bewusstseinsvermittelnden Organe sind es, aus denen die Lebenskräfte weitgehend herausgenommen, in seelisch-geistige metamorphosiert werden. Das sind in erster Linie die Nervenzellen, die «auf einer frühen Entwicklungsstufe stehen bleiben, gewissermassen abgelähmt werden in dieser Entwicklungsstufe». Und das «was ihnen abgelähmt wird, das sondert sich ab als Seelisch-Geistiges»[10]. Da sind die *«Zurückdrängungskräfte»* am Werke. Solchen Erkenntnissen Rudolf Steiners gegenüber finden sich bei Fortlage ganz eindeutige Einsichten über die polaren Organe: die Verdauungsorganisation: «Der Zutritt neuer Speise in den Magen stört denselben nicht in seiner Tätigkeit: alle Gefässe des Ernährungssystems arbeiten rastlos und ununterbrochen fort, im Wachen wie im Schlaf, und werden zugleich während ihrer Arbeit selbst aus dem Blute ernährt und immer aufs Neue gekräftigt».

Fortlage beobachtete aber noch weiter. Er weiss, dass das Gehirn sich nicht nur im Schlaf, sondern auch im Wachen ernährt. «Aber das Wachen würde das Gehirn nicht erschöpfen, wenn darin die Ausgabe der Lebenskräfte nicht ihre Einnahme überstiege . . .» d. h. das Gehirn wird an der Ernährung «gehindert, indem es diese stets vor sich gehende Ernährung durch eine überwiegende Verzehrung beständig vereitelt». Dieses Verhindern «ist wiederum ein Symptom der «Zurückdrängung» der Lebenskräfte. Dennoch muss, - wie wir schon erwähnt haben, ein immer neues Gleichgewicht zwischen diesen beiden polaren Tätigkeiten geschaffen werden, solange der Mensch im Erdenleibe lebt.

Diesen «Ausgangspunkt» hat Rudolf Steiner aufgegriffen, indem es seiner Erkenntnismethode gelang, das Wesen der Bewusstseinsprozesse im Menschen bis in die physiologischen Funktionen hinein zu erfassen. Dabei erkannte er deren Abbaucharakter, deren das Leben «zurücktreten»lassende, «ablähmenden, zurückdrängenden» ja sogar «zurückstossenden» und «abtötenden» Charakter. Auch die moderne Physiologie und Pathologie hat manchen beachtlichen Befund zu dieser Thematik mitgeteilt, doch gelingt es ihr noch immer nicht, zu der grundlegenden Bedeutung dieses Phänomens vorzudringen. Rudolf Steiner hingegen hat auf diese Erkenntnis seine ganze Erkenntniswissenschaft aufgebaut, insbesondere seine «Philosophie der Freiheit».

Gehen wir zunächst auf eine Charakterisierung der Nerventätigkeit ein, insofern diese dem Gebiet des Gehirns angehört. Hier spricht Rudolf Steiner davon, dass «die eigentlichen Gehirnnerven diejenigen sind, die der Ich-Organisation unterliegen». Und dadurch «treten die Tätigkeiten zurück, die sich in den beiden anderen Organisationen, der Lebens- und Seelenorganisation, ausprägen, d. h. diese Prozesse haben «eine starke Neigung, ins Leblose, Mineralische überzugehen». Sie gelangen damit auf den Weg der Knochenbildung, der allerdings «im allerersten Entstehen unterbrochen wird». Aber gerade hier liegt zugleich ein Gegensatz zu der Knochenbildetendenz vor. Denn in der Knochenbildung geht die organisierende Kraft der Ich-Tätigkeit ganz in diese hinein und schafft auf diese Weise das Skelett als ein vollkommenes physisch in Erscheinung tretendes «Bild der Ich-Organisation und zugleich des Todes». Dadurch taucht aber diese Tätigkeit ganz in den Bereich des Unbewussten hinein. Im Gehirn hingegen wird diese organische Kraft gleichsam aufgehalten und prägt nur der lebendig-durchseelten Substanz von aussen ihren Stempel auf in der unerhörten Gestaltungsdifferenzierung, wie auch der «ablähmenden» Tendenz, bleibt aber als solche weitgehend frei, «so dass die organisch-physische Betätigung da von der Ich-Organisation kaum in Anspruch genommen wird, diese sich daher als solche «völlig frei betätigen kann».

Damit ist physiologisch ausgesprochen, die Tätigkeit der «Verzehrung», der Zurückdrängung charakterisiert und zugleich wird verständlich, warum gerade das menschliche Gehirn einen so ausserordentlich intensiven Stoffwechsel aufweist.

Wenn die ständig todbringende Tätigkeit der das Ich organisierenden Kräfte während des Wachens an den Lebenskräften zehrt, muss zugleich eine intensive ernährende Tätigkeit das Gleichgewicht herstellen, - sonst käme es schnell zu der von Fortlage exakt dargestellten «absoluten Entkräftigung des Leibes», bis zur Bedrohung durch das Übergewicht des Todes. Dieses Gleichgewicht, das zugleich durch den Rhythmus von Wachen und Schlafen hergestellt wird, ist aber doch auch ein solches, dass wir in Bezug auf das Gehirn im sog. Wachen gleichsam «schlafen», insofern der Stoffwechselstrom ununterbrochen zum Gehirn geleitet wird. Wir haben es also mit verschiedenen Graden des Bewusstseins auch im Wachen zu tun, können einmal «angespannter» wachen, dann wieder mit unserem Bewusstsein «ausruhen». Das muss nicht mit einem quantitativen Verändern des Stoffwechsels im Gehirn verbunden sein, eher ist eine qualitative Veränderung denkbar. Denn auch hier gilt das oben angeführte Gesetz: «Es ist oben alles wie unten» und umgekehrt. Es liegen auch vielfältige Beobachtungsresultate vor, die nur in der Regel nicht im richtigen Sinne in das Ganze eingeordnet werden. Daher bleiben immer wieder neue Versuche, wie sie z. B. in neuester Zeit von Eccles und Popper unternommen worden sind, auf halbem Wege stehen.

Wir werden die Perspektive der Möglichkeit eines «leibfreien Denkens» noch einmal aufgreifen, wollen uns aber zuvor dem andern Pol, dem Stoffwechselstrom zum Gehirn wiederum zuwenden.

Wir sagten schon, dieser ist von bemerkenswerter Intensität. Nach neuen Hinweisen des Zürcher Gehirnsforschers K. Akert beansprucht das Gehirn «20–25 % der Energie unseres Organismus»[10], d. h. bis zu rund einem Viertel dieser sog. «Energie», in konventioneller Art gemessen, strömen einem Organ zu, der stoffwechselmässig mit seinem Gewicht von ca. 1500 g gegenüber dem Gesamtgewicht von ca. 70 kg tatsächlich ein signifikantes Untergewicht aufweist.

Hier kommt es uns aber vorerst darauf an, dass im menschlichen Gesamtorganismus eine organisch-physiologische Möglichkeit geschaffen werden musste, und ständig erhalten werden muss, um diese Stoffwechselintensität zu ermöglichen. Mit anderen Worten, der Mensch muss im Laufe seiner Evolution eine solche genau zu der Möglichkeit des Aufbaus seines Gehirns passende Verdauungsorganisation aufbauen, um das oben erwähnte Gleichgewicht zwischen Ernährung und Verzehrung zu schaffen. Wir könnten hier auch von einer «Vordrängungsorganisation» sprechen, die zu der «Zurückdrängungsorganisation» in ein dynamisches Gleichgewicht treten kann. Dazu gehört eine bestimmte Kapazität wie Qualität unserer Verdauungsorgane, des Mundes, des Magens, der gesamten Darmorganisation, aber ebenso der Leber, Niere, Milz usw. Und diese wieder müssen in ein genau bestimmtes Wechselwirken zu der Hirnorganisation treten. Alle diese organischen Tätigkeiten können aber nur ihre Bildung und Tätigkeit realisieren auf der Grundlage der Blut-Herz-Kreislauf-Organisation. Alles muss auch hier «oben wie unten» sein. Wir werfen damit einen Blick in ein von höchster Weisheit erfülltes, organisches Gewebe, bei dem jedes einzelne Organ in völligem funktionell-dynamischen Zusammenwirken mit dem anderen, wie mit dem Ganzen steht. Dieses aber ist wiederum nur zu verstehen als Ausdruck eines bestimmten konstitutionellen Verhältnisses zwischen der Lebensorganisation und dem seelisch-geistigen Wesen des Menschen. Eine solche «Idee» ist es also, die der menschlichen Bildung als Evolutionsprinzip ihre Prägung verleiht, – es ist wiederum das «Zurückdrängungsprinzip», das hierbei manifest wird.

Wollten wir versuchen, dieses Evolutionsprinzip noch näher zu charakterisieren, so könnten wir z. B. ins Auge fassen, wie diesem Gleichgewicht zwischen dem «Zurückdrängungsprinzip» und dem erwähnten «Vordrängungsprinzip» ein gegenseitiges Wechselwirken entspricht. D. h. das «Zurückdrängungsprinzip», als Grundlage der Bewusstseinstätigkeit, übt auf sein Gegenprinzip, nach dem Gegenstromprinzip, einen regulierenden, ja sogar dominierenden Einfluss aus, bestimmt das Verhältnis Nerv-Blut, wie Blut-Nerv. Von hier aus erscheint es auch denkbar, nicht nur die Physiologie, sondern ebenso die menschliche Pathologie in dieses Evolutionsprinzip einzureihen, ja von hier aus ein neues Verständnis dafür anzubahnen. Denn wenn schon Fortlage davon gesprochen hat, dass das «Leben der Verzehrung», wenn es allein vorherrscht, «den Tod» zuwege bringen würde, so können wir hier gleich einfügen, dass Rudolf Steiner ganz klar von diesem «partiellen Tod» im Zusammenhang mit der Bewusstseinsbildung sprechen musste. Und dieser ist die Voraussetzung für das Erscheinen des Denkens.

Aber Fortlage spricht ja auch von einer fortwährenden «Entkräftigung des Leibes» durch dieses «Leben der Verzehrung», und hier wird der Bezug der Bewusstseinstätigkeit zur menschlichen Erkrankungsfähigkeit evident.

Auch dies können wir in unserer Skizze nur andeuten, aber doch daraus einen wichtigen Ansatzpunkt gewinnen für das Verständnis des Krankseins. In einem frühen Vortrag[11] hat Rudolf Steiner ein höchst bedeutsames Erkenntnislicht auf dieses zutiefst menschliche Problem geworfen, indem er diese Erkrankungsfähigkeit und -Notwendigkeit gleichfalls als Evolutionsprinzip aufzeigte, sowohl im phylogenetischen wie ontogenetischen Sinne. Phylogenetisch, indem der Mensch durch den «Sündenfall» die Grundlage zu seiner heutigen leiblichen Organisation legte und eine bestimmte Konstitution des leiblich-seelisch-geistigen Zusammenwirkens herstellte, ontogenetisch, indem er aufzeigen konnte, wie der Mensch in Wirklichkeit eine vierfache Geburt durchmacht, von der physischen Geburt angefangen, zu der Geburt der Lebensorganisation mit dem Zahnwechsel, dem Freiwerden der Seelenorganisation mit der Pubertät und der eigentlichen Ich-Geburt um das 20./21. Lebensjahr. Und es ist höchst bemerkenswert, dass sich Rudolf Steiner bei der Charakterisierung dieser «Geburten» ebenfalls des Ausdrucks «Zurückdrängung» bedient: «Mit der Geburt drängt er gleichsam den mütterlichen Leib zurück . . .», und später: «So wie physisch der Mutterleib an dem Menschenkeim in der Zeit vor der Geburt arbeitet, so arbeiten geistige Kräfte des Weltenäthers bis zum Zahnwechsel an dem Ätherleib des Menschen, und sie werden um das siebente Jahr herum ebenso zurückgedrängt, wie der Mutterleib bei der physischen Geburt». Bei der dritten Geburt, um die Pubertät, heisst es dann, es wird «ebenso eine Hülle weggedrängt . . .»

Dieser rhythmisch verlaufende Zurückdrängungsprozess als Abbild der menschlichen Evolution ruft zugleich die Erkrankungsmöglichkeit hervor, und auch dies erscheint bemerkenswert, dass sich Rudolf Steiner bei der Schilderung dieser Prozesse ebenfalls, wie Fortlage, des Ausdrucks «Verzehrung» bedient, aber hierdurch das gewaltige Rätsel von Krankheit und Tod auflöst. Dabei verwendet er beachtlicherweise ein Gleichnis: «Das ist das Wesen der Flamme, dass sie aus dem Holze heraus frei wird und den eigenen Mutterboden aufzehrt. So wird der Astralleib dreifach herausgeboren, so zehrt er, wie die Flamme das Holz, seine eigene Grundlage auf; und darin besteht die Möglichkeit, dass das individuelle Leben da sein kann, weil es seine Grundlage wieder aufzehrt». In diesem Sinne stellte jede Krankheit eine Verzehrung des Lebens dar, und «es könnte gar kein bewusst individuelles Leben geben, wenn es nicht den Tod gäbe». Das Verzehrungsprinzip ist also ein universelles, es ist als «Zurückdrängungsprinzip» auf allen Ebenen tätig.

Hier erscheinen Krankheit und Tod als notwendige und wesensgemässe Glieder des Evolutionsprinzips «Zurückdrängung». Dadurch erscheint aber auch die andere Seite in einem neuen Lichte: das Blut.

Im Verlaufe der menschlichen Evolution konnte das Blut erst gebildet werden, als die Grundlage dafür durch die «Zurückdrängungs»-Fähigkeiten geschaffen waren. Das Blut erscheint sogar als das höchste Glied in der Kette der Organbildungen. Die niedere Säfteorganisation, die Gewebeflüssigkeit, das Lymphsystem bilden sich als Ausdruck der Lebensorganisation schon im Bereich der primitiven tierischen Organismen. Das Blut jedoch, wie es uns heute entgegentritt, ist das Ergebnis einer Umwandlung dieser Lebensorganisation durch die geistigen Kräfte, die in der Individualisierung sich betätigen. So wird das Blut «ein Ausdruck des individualisierten Ätherleibes», und alle Stufen, die das Blut bei den höheren Tieren aufweist, können als Schritte, als (misslungene) Versuche für diese Individualisierung angeschaut werden. Gerade aber das menschliche Blut zeigt ebenfalls «Zurückdrängungs»-Merkmale, indem z. B. die roten Blutkörperchen im peripheren Blut nicht mehr reproduktionsfähig sind. Es wird ihnen diese Bildekraft genommen zur Durchdringungsfähigkeit mit individuellen Kräften. Dabei ist es z. B. bemerkenswert, dass nach Hinweisen der vergleichenden Physiologie dieser Verlust der Reproduktionsfähigkeit der roten Blutkörperchen erst bei Säugetieren auftritt. Mit der Individualisierung der Körpersäfte in der Blutbildung wird also das «Zurückdrängungsprinzip» auch auf der Blutseite tätig.

Dies ist aber wiederum bedeutsam bei dem Zusammenwirken von Nerv und Blut mit der menschlichen Vorstellungsbildung.

Während auf der untersten Ebene durch die Tätigkeit von Nerv und Blut im vegetativen Nervensystem ein dumpfes Bewusstsein entsteht, durch das eine Spiegelung der kosmischen Umwelt in den betreffenden Wesen auftritt, kann durch die Durchdringung des Gehirns mit dem ernährenden Blutstrom eine neue Bewusstseinsform erreicht werden, die den Menschen in Verbindung mit der physischen Aussenwelt bringt. Die Verinnerlichung, die das Seelenleben auf diesem Wege erfahren hat, verleiht die Fähigkeit, «Bilder der Aussenwelt, Vorstellungen zu schaffen . . ., die ihm zwar ein kleineres Stück Aussenwelt (eben die sinnliche) spiegelt, aber in hellerer vollkommener Art. Hierbei tritt das «Zurückdrängungsprinzip» sowohl von der Nerven- wie der Blutseite in Wirksamkeit. Hier ist der Punkt der menschlichen Organisation erreicht, der dem gegenwärtigen menschlichen Bewusstsein zugrunde liegt. Zugleich aber ist es diese Kraft, die das alte hellseherische Bewusstsein, wie wir es als mythisches, mythenbildendes dargestellt haben, zurückdrängt und bis in die Gegenwart diese frühere Bewusstseinsform meist nur noch als pathologische in Erscheinung treten lässt, oder vielleicht höchst selten, als ein Nachzüglerbewusstsein; im Sinne unserer Darstellungen ein epimetheisches, während das Gegenwartsbewusstsein als prometheisch bezeichnet werden kann. Denn es verleiht zugleich die Entwicklungsmöglichkeit zu noch höheren Bewusstseinsformen.

Dieser ganze Komplex ist auch von grosser methodologischer Bedeutung. Die moderne wissenschaftliche Betrachtungsweise ist geneigt, den Menschen (wie auch seine Umwelt) früherer Zeiten als mehr oder weniger identisch anzunehmen, wie den gegenwärtigen. Dies ist, wie wir gesehen haben, keineswegs der Fall. Das «mythologische Bewusstsein» setzt eine andere leiblich-seelische Konstitution des Menschen voraus, dementsprechend auch eine andere physiologische, wie pathologische Erscheinungsform. Diese wiederum stehen mit einer anderen Umwelt und damit mit anderen Ernährungsformen in Beziehung.

Rudolf Steiner hat dafür ein eindrucksvolles Beispiel angeführt, indem er davon sprach, dass der Mensch sich «von Zeitalter zu Zeitalter ändert»[13]. Wenn man nur bis ins 13./14. Jahrhundert zurückgeht, liegt schon solch eine Veränderung vor, die sich organisch ausprägt. «Während die ganze Zeit vom 4. Jahrhundert bis zum 14. Jahrhundert die Nierentätigkeit das Wichtigste war», ist es «seither die Lebertätigkeit geworden». Das zeigt aber: «die Anatomie und Physiologie ändert sich eben im Laufe der Jahrhunderte und namentlich der Jahrtausende . . .»

So müssen wir während des mythologischen Zeitalters und noch mehr während der Epoche des alten Hellsehens eine ganz andere Physiologie und Pathologie in Betracht ziehen. «Man hat in jenen alten Zeiten natürlich auch die Erscheinung gehabt, dass ein Mensch nach dieser oder jener Richtung einen Verfall seiner Organe erlebte, dass er eben nicht gesund war, aber man hat nicht von Krankheit gesprochen, sondern man hat geradezu gesagt: Es gibt einen Tod, und der bemächtigt sich des Menschen. Und man sah eine Art von Kampf zwischen Leben und Tod, in dem Falle, wo wir heute sagen: der Mensch ist krank. Also in jenen älteren Zeiten sprach man nicht von Krankheit und Gesundheit . . . Krankheit war nur ein spezieller Fall des Todes, . . . ein kleines Sterben; Gesundheit war das Leben»[13]

Das weist deutlich darauf hin, dass damals das Verhältnis Blut-Nerv noch viel mehr von dem vegetativen Sysem reguliert wurde und das «Zurückdrängungsprinzip» erst im Anfang seiner physiologischen und pathologischen Wirksamkeit stand.

Damit haben wir auch den Punkt erreicht, der uns den Übergang von dem mythologischen zum modernen Bewusstsein in unserer Darstellung finden lässt.

* * *

In seiner «Vorrede zur Neuausgabe 1918» der «Philosophie der Freiheit» nennt Rudolf Steiner «zwei Wurzelfragen» des menschlichen Seelenlebens, auf die dieses Werk hingeordnet ist: «Die eine ist, ob es die Möglichkeit gibt, die menschliche Wesenheit so zu durchschauen, dass diese Anschauung sich als Stütze erweist für alles andere, was durch Erleben oder Wissenschaft an den Menschen herankommt . . .». «Die andere Frage ist die: «Darf sich der Mensch als wollendes Wesen die Freiheit zuschreiben, oder ist diese Freiheit eine blosse Illusion, die in ihm entsteht, weil er die Fäden der Notwendigkeit nicht durchschaut, an denen sein Wollen ebenso hängt wie ein Naturgeschehen?»[13]

Präziser und exakter können wohl kaum diese beiden Fragen gestellt werden, an deren Beantwortung im Grunde genommen die ganze menschliche Existenz hängt und die heute noch weit bedeutungsvoller und entscheidender sind als vor Beginn dieses Jahrhunderts.

Um die erste Frage, das «Durchschauen der menschlichen Wesenheit» haben wir uns in den vorangegangenen Kapiteln in erster Linie von der mythologischen Ebene her bemüht, und in unserer jetzigen Darstellung sind wir bereits angelangt bei der essentiellen Frage der Entstehungs- und Wirkensbedingungen des menschlichen Bewusstseins vom Gesichtspunkt der modernen geisteswissenschaftlich erforschten Physiologie. Diese Frage bildet zweifellos eine «Stütze für das gesamte menschliche Erleben» und wissenschaftliche Forschen. Denn es prägt die Methode mit der wir vorzugehen haben, um zu gesicherten Erkenntnissen zu gelangen. Bevor wir jedoch uns der zweiten Frage zuwenden, wollen wir uns noch ein Stück weiter mit der ersten beschäftigen.

Schon in seiner Schrift «Wahrheit und Wissenschaft»[15] gelangte Rudolf Steiner zu einer Analyse des Erkenntnisvorganges. Dabei lehrt er uns unterscheiden zwischen dem «unmittelbar gegebenen» Weltinhalt und dem eigentlichen Erkennen desselben. Ersteres kann nicht von uns selbst hervorgebracht werden, weil es sonst kein Erkennen gäbe. Es tritt uns also wertfrei, als ungeordnetes Nebeneinander passiv entgegen. Wollen wir hingegen zu irgendeiner Erkenntnis darüber gelangen, bedarf es der Begriffe, die uns das Gegebene, Wahrgenommene, begreiflich machen. Diese Begriffe sind aber Ergebnisse unserer eigenen geistigen Aktivität des Denkens. Sie sind keine Geschöpfe, sondern Schöpfungen. Und erst durch das Zusammenfügen von Wahrnehmungen und Begriffen entsteht in uns eine Vorstellung des Wahrgenommenen, als «individualisierter Begriff», d. h. aber: «In der denkenden Weltbetrachtung vollzieht sich tatsächlich die Vereinigung der zwei Teile des Weltinhalts, dessen, was wir als Gegebenes auf dem Horizonte unserer Erlebnisse überblicken, und dessen, der im Erkenntnisakt produziert werden muss... Der Erkenntnisakt ist die Synthese dieser beiden Elemente», also eine aktive, schöpferische menschliche Tätigkeit. Damit ist das Denken erkannt «als der Akt, wodurch die Erkenntnis vermittelt wird, das Denken selbst ein Tun, das einen eigenen Inhalt im Momente des Erkennens hervorbringt.»

Diese grundlegende Entdeckung Rudolf Steiners, bereits bald ein Jahrhundert alt, kann uns in besonderem Lichte erscheinen, wenn wir dabei bedenken, wie das Schaffen von Vorstellungen, d. h. das individualisierte Erkennen als Werkzeug der «höchsten Form des Nervensystems» bedarf, also des Gehirns. Dieses Werkzeug, das als solches eine Schöpfung der umgewandelten, d. h. höher organisierten Seelenorganisation des Menschen, des Astralleibes, ist. «Dadurch hat der Mensch also die Fähigkeit, die ursprünglich dumpfen Bilder der Aussenwelt zu erleben, zu empfinden. Er baut sich auf höherer Stufe (als mittels des sympathischen Nervensystems) eine neue Bilderwelt auf...». Daran ist aber, wie wir gesehen haben, in entscheidender Art auch das Blut beteiligt. Mit seinem «Leben» der Ernährung» tritt es in Wechselwirken mit dem «Leben der Verzehrung». Die «Entstehung des Blutes, seine Mitwirkungs- und Zusammenwirkenstätigkeit mit dem Nerv bringt also die Fähigkeit hervor, wodurch der Mensch «als selbständiges Wesen der Aussenwelt entgegentritt», – «wo er schöpferisch wird, wo der Mensch selbständig wiederum Gestalten und Bilder schafft», «wo ein Wesen, die Bilder, die es von der Aussenwelt erzeugt, in sich selbst zu gestalten vermag».

Hier wird die Verbindung von Blut und Nerv offenbar im Erkenntnisprozess, im «Tun» des Erkenntnisaktes, der dadurch zugleich ein Willensakt wird. In diesem Blutwirken, wie es durch das «Leben der Ernährung» vermittelt wird, kann sich die individualisierte Begriffsbildung in der Vorstellungstätigkeit realisieren, wird sie Ich-Tätigkeit. Rudolf Steiner hat dies in deutlichster Art darstellen können: «Hätte der Mensch bloss Gehirn so, könnte er nur Bilder der Aussenwelt in sich erzeugen und in sich erleben», – entsprechend dem «Gegebenen seiner Wahrnehmungen, – er würde dann nur zu sich sagen können: Die Aussenwelt ist in mir als Spiegelbild noch einmal wiederholt; kann er aber diese Wiederholung der Aussenwelt zu einer neuen Gestalt aufbauen, dann ist diese Gestalt nicht mehr bloss die Aussenwelt: sie ist Ich»[16]. Mit diesen lapidaren Worten ist das Zusammenwirken von Nerv und Blut, von seelischer und geistiger Organisation im Menschen, das «Zurückdrängungsprinzip» gekennzeichnet. Diese Erkenntnis wirft entscheidendes Licht auf die menschliche Wesenheit, und damit zugleich auf alles andere, was durch Erleben oder Wissenschaft an den Menschen herankommt. Es wirft Licht auf die Physiologie und Pathologie, auf die Psychiatrie und nicht zuletzt auf die Ernährungswissenschaft. Denn die Frage kann nun gestellt werden: Wie muss der Ernährungsstrom, der mit dem Blut zum Gehirn gelangt, beschaffen sein, qualitativ und quantitativ, damit er seine Aufgabe erfüllen kann? Es kann nicht Aufgabe dieser Skizze sein, eine ausführliche Antwort auf diese Frage zu geben. Sicher aber kann gesagt werden, dass es zahlreiche Hinweise aus der heutigen Forschung gibt, die diese Beziehungn recht deutlich machen. Für das Grundsätzliche dieser Frage kann aber eine Aussage Rudolf Steiners wegleitend sein, die wir einer Darstellung aus dem Jahre 1913 entnehmen. Damals sagte er: «Der Mensch kann gewissermassen sehr stark sündigen durch seine Ernährung gegen die kosmischen Tätigkeiten in seinem Gehirn . . .»[17]. Im weiteren Verfolgen eines solchen Gedankens können wir an die bereits angestellten Überlegungen anknüpfen, dass die ganze menschliche Leiblichkeit dem Evolutionsprinzip der «Zurückdrängung» angepasst ist und der Mensch schon durch Auswahl und Qualität seiner Nahrung gegen dieses Prinzip verstossen kann, und dies zweifellos heute tut, d. h. in diesem Sinne «sündigt» gegen die kosmischen Weisheitsgesetze, nach denen seine ganze menschliche Organisation, ja seine Bestimmung in der Evolution, von Mensch und Welt geschaffen ist.

Diese ist, wie wir verdeutlichen konnten, so geschaffen, dass der Mensch «seine geistigen Fähigkeiten (seine wahre sich in Freiheitsakten sich verwirklichende Individualität) nicht aus seiner Organisation, wenn auch nicht **ohne** sie, nämlich **gegen** sie» erlangt[18]. Denn er vollzieht ja sowohl seine Ernährung wie sein Erkennen «antikausal», d. h. mittels seiner Organisation, mittels des «Zurückdrängungsprinzips», also in Wirklichkeit gegen sie.

Dadurch wird er erst auch leiblich zur Freiheit hin orientiert. Und hier liegt die Antwort auf die zweite Wurzelfrage, die Rudolf Steiner in seiner

«Philosophie der Freiheit» stellte, «darf sich der Mensch als wollendes Wesen die Freiheit zuschreiben?»

Die Willenskraft gründet sich auf den Stoffwechsel, das Blut, und damit auch auf die Ernährung. Aber diese erfolgt ebenfalls antikausal. So wie der Nerv das Blut, den Stoffwechsel zurückdrängt, um «Platz zu schaffen» für das Bewusstsein, muss der Stoffwechsel die Natur zurückdrängen, um «Platz zu schaffen» für die menschliche Freiheit.

Freilich, das erste ist, sich das Erlebnis, die Erfahrung des Denkens als eines rein geistigen Vermögens des Menschen, zu verschaffen, seinen intuitiven Charakter zu erfassen. Dann können wir nachvollziehen lernen, welches das Verhältnis des Denkens zu seiner leiblich-seelischen Organisation in Wirklichkeit ist, nämlich «dass im Wesenhaften des Denkens nichts von dieser Organisation mitspielt». Das ist der «antikausale Prozess», die «corruptio», von der schon Aristoteles gesprochen hat, dass diese Organisation, «wenn die Tätigkeit des Denkens zurückweicht, einen Platz frei macht und an dem freigewordenen Platz das Denken auftritt»[14]. Hier erreicht das Zurückdrängungsprinzip seine Krönung, indem es dieses Gehirn, diese ganze menschliche Organisation erschafft, um seine Bestimmung zu ermöglichen. Diese muss es erhalten, mit dem «Leben der Ernährung», dem «Leben der Verzehrung» zu dienen, und weiter, an der Verwirklichung des freien Menschen zu arbeiten. Freilich, und darauf müssen wir besonders unser Augenmerk richten, dieses Denken, von dem hier die Rede ist, ist auf dem Wege verloren zu gehen. Denn es wird von zwei Seiten her bedroht. Einerseits von dem Sinneserleben her. Dieses wird immer stärker der Gefahr ausgesetzt, sich von den Empfindungen bestimmen zu lassen, die schon stärker an die Leiblichkeit, an die Stoffwechselregion gebunden sind, Geruchs- und Geschmackssinn. Wir haben an anderer Stelle versucht, darüber Klarheit zu gewinnen. Indem unsere höheren Sinne, Sehsinn, Gehörsinn, aber auch der Denksinn, immer mehr von den Sphären des Geruchs- und Geschmackssinns beeinflusst werden, wird die Wahrnehmung von einem Element durchsetzt, das von dem Lust-Unlust-Erleben, der Welt der Triebe und Begierden bestimmt ist. «Ein solcher Mensch lebt gewissermassen, sagen wir, ohne Kopf, d. h. er gebraucht seine Kopfsinne auch in einer ähnlichen Weise, wie die mehr schon dem Animalischen zugeneigten Sinne». Dann «fasst er alles so auf, wie man Wein trinkt oder Essig trinkt oder irgendeine Speise isst . . . In demselben Sinne wird es unmoralisch»[19]. Damit hat Rudolf Steiner auf eine bedeutende und heute sehr aktuelle Gefahr aufmerksam gemacht. Denn dadurch wird unsere Sinneswahrnehmung, die wir gerade zur reinen Wahrnehmung steigern sollten, heruntergezogen in die Triebsphäre, in die Region des an den Stoffwechsel gebundenen egoistischen Erlebens. Es mischt sich in falscher Art die Willenssphäre in die Vorstellungssphäre.

In der «Philospohie der Freiheit» nimmt dieses Thema einen zentralen Platz ein[14]. In seinen Darstellungen über die Stufen individuellen Lebens wird von dessen erster Stufe als dem Wahrnehmen der Sinne gesprochen. Wenn dieses von der Triebseite bestimmt wird, wie dieses z. B. bei dem Hungertrieb der Fall sein kann, wird es «zur Befriedigung unserer niederen, rein animalischen Bedürfnisse» kommen. Dies geschieht tatsächlich als ein unstillbares Instinktverhalten bei den Tieren. Die Katze nimmt die Maus wahr und stürzt sich auf sie, um sie zu fressen. Wenn der Mensch sich davon bestimmen lässt, wird er unmoralisch.

Auf der anderen Seite dieser Stufenleiter des individuellen Lebens finden wir «das begriffliche Denken ohne Rücksicht auf einen bestimmten Wahrnehmungsinhalt». Hier spricht Rudolf Steiner die Fähigkeit des «reinen Denkens» an: «Wenn wir unter dem Einflusse von Intuitionen handeln, so ist die Triebfeder unseres Handelns das **reine** Denken, die Vernunft»[14]. Dieses bahnt den Weg zu dem «Ethischen Individualismus», denn «insofern dieser intuitive Inhalt auf das Handeln geht, ist er der Sittlichkeitsgehalt des Individuums». Hier gelangen wir wiederum zu dem, was wir charakterisiert haben als den «Zurückdrängungscharakter», das «Leben der Verzehrung», das sich mit dem «Leben der Ernährung» in ein harmonisches Gleichgewicht zu setzen vermag.

Unser heutiges Denken ist aber genau einer solchen Gefahr ausgesetzt, wie die Entartung der Sinnesempfindung. Während diese in die unmoralische Sphäre abzugleiten droht, wird das Denken von der Abstraktion erfasst. Es bleibt immer weiter von einem «intuitiven Inhalt» entfernt und wird immer stärker zur abstrakten, leblosen Begriffshülse.

Rudolf Steiner hat sehr deutlich von der «grossen Schwierigkeit» gesprochen, die hier unserem Denken als ein «unmittelbar Tätiges» in uns entgegensteht. Denn «die meisten Menschen haben keine Gedanken». Dieses harte Urteil über das abstrakt oberflächliche Denken unserer Zeit sich in seinem Wert bewusst zu machen, würde den ersten Schritt bedeuten auf dem Wege zum Erfassen des eigentlichen Wesens des Denkens. «Was im weitesten Umkreis unseres Lebens die Menschen verhindert, Gedanken zu haben, das ist, dass die Menschen für den gewöhnlichen Gebrauch des Lebens gar nicht immer das Bedürfnis haben, wirklich bis zum Gedanken vorzudringen, sondern dass sie statt des Gedankens sich mit dem Wort begnügen. Das meiste von dem, was man im gewöhnlichen Leben Denken nennt, verläuft nämlich in Worten, man denkt in Worten», – und denkt sich nichts dabei[20].

Hier können wir die andere Gefahr erkennen, die heute in weitem Masse den Menschen bedroht. Zu der Animalisierung, dem Unmoralischwerden kommt die Abstraktion, die Oberflächlichkeit des Denkens. Dies zu erkennen, gehört zu den erscheckenden Erfahrungen, die wir an der Gegenwartszivilisation machen können. Denn sie durchzieht das gesamte moderne Leben bereits in einem bedrohlichen Ausmass.

Hier können wir aber auch erfahren lernen, wie umgekehrt das menschliche Denkvermögen erst um die Zeit entstanden ist, die wir als das Ende des mythologischen Zeitalters charakterisiert haben, um das 7./8. vorchristliche Jahrhundert. Die grossartige Bilderwelt, der wir in der Prometheus-Sage, in den 12 Arbeiten des Herakles, in dem Demeter-Mythos, den nordischen und biblischen Bilderwelten begegnet sind, stammen noch aus der Vor- und Frühzeit des Denkens. Denn vor dem Entstehen des Denkvermögens erlebten die Menschen Bilder. «Alles Erleben der Aussenwelt geschah in Bildern». Und «dieses Bildererleben ist die letzte Phase des alten hellseherischen Erlebens. Dann «geht für die menschliche Seele das Bild in den Gedanken über». Dieses Bildererleben, das alte instinktive Hellsehen, war aber noch nicht ein individuelles, weil es noch kaum durch das Zurückdrängungselement des höheren Nervensystems bestimmt wurde, sondern durch das vegetative Nervensystem. Es war dadurch vielmehr an die Vererbungskräfte gebunden, an das Blut, das durch die Generationen rollt, durch das die alte Menschheit mit dem Stamm, dem Volk, den Vorfahren, der Familie verbunden war. Dafür war die Nah-Ehe bestimmend, die Geschwister-Ehe. Der Mensch empfand sich als Glied seiner Ahnen, einer ganzen Generationenreihe. Aus dem daraus genährten hellseherischen Vermögen entstanden die Schöpfungen der grossen Mythen und Sagen.

Dieses Vermögen verglimmte in dem Masse, als die Fern-Ehe allmählich die Nah-Ehe ablöste. Die Blutmischung verhalf auf der einen Seite zur Ausbildung des individuellen Sich-Erlebens, aber auch der Selbstsucht, des Egoismus, – bis hin zur triebhaften Bestimmung unseres Denkens. Dieses wiederum keimte auf, indem der Blutzufluss zurückgedrängt wurde durch das «Leben der Verzehrung» des Gehirns. Und hier liegt zugleich die Geburtsstunde des Denkens: «Mit dem Eintritt der Fern-Ehe fällt auch die Geburt des logischen Denkens, die Geburt des Intellekts zusammen»[10]. Aber «damit wird die ursprünglich aus dem Animalischen kommende Hellseherkraft vernichtet und ein neues Bewusstsein in der Entwicklung geboren».

Heute stehen wir an einem der grossen Wendepunkte in dieser Entwicklung. Da wird es von grösster Bedeutung sein, als ersten Schritt zu diesem neuen Bewusstsein, wie es die Gegenwart erfordert, solche Gedankenwege nachzuvollziehen, die zur rechten Zeit in der Erkenntniswissenschaft Rudolf Steiners geschaffen wurden. Ohne die drei bahnbrechenden Werke, die wir erwähnt haben, die «Grundlinien einer Erkenntnistheorie der Goetheschen Weltanschauung», «Wahrheit und Wissenschaft» und «Die Philosophie der Freiheit», wird dieses unmöglich sein, – wie es sich längst gezeigt hat. Darum ist es von grösster Bedeutung, und im höchsten Masse im Sinne Rudolf Steiners, selbst mit diesen Werken zu arbeiten. Denn sie geben die Antwort auf die zwei Wurzelfragen, die wir genannt haben, deren wir für unser gesamtes Leben unaufhörlich bedürfen. Sie sind der Schlüssel zu dem Tor zur Anthroposophie, vor das schon Fortlage gelangte, in dessen Nähe aber auch ein Forscher wie Bachofen vordrang, und das vor allem Goethe erreichte mit seiner Metamorphosenlehre.

Dieser Schlüssel wird so lange verlegt bleiben, wir werden ihn nicht finden, weil wir selbst ihn in leichtfertiger Weise aus dem Auge verloren haben, solange wir nicht den Weg dazu wieder gehen lernen, solange wir ihn nicht finden wollen. Als eine echte «Wegzehrung» bietet sich der Gegenwart darum ein Werk an, auf das wir hier erneut aufmerksam machen wollen: das erkenntniswissenschaftliche Werk von Herbert Witzenmann. Um ihm konkret zu begegnen, wollen wir an dieser Stelle einige Sätze daraus einfügen, die die Aktualität unserer Problematik beleuchten [18].

So kann aus dem Versuch unserer Darlegungen ein solcher Satz in seinem Wert erkannt werden: «Nicht gehirnerzeugt, sondern geisterzeugt sind wir als Gedankenwesen». «Doch auch wer dies nicht leugnet», – so fährt Witzenmann fort, «wird vielleicht darauf beharren, es sei kein Denken ohne Gehirn und eine diese tragende Leibesorganisation bekannt». Dahin gelangen ja moderne Gehirnforscher wie der oben zitierte K. Akert, und folgern daraus, zwar können wir eine «besondere geistige Kraft» z. B. im Sinne von Eccles und Popper, postulieren, aber dies sei «vorläufig weder bewiesen noch widerlegt» [10]. Gerade dies entspricht aber nicht den Tatsachen, und so bleiben diese Forscher, weil sie den Schlüssel zu einem Denken, das sie die Wirklichkeit finden lässt, selbst verlegt haben, bei der Hypothese stehen, die sich so verheerend auswirkt, «Gehirn und Geist bleiben somit untrennbar wenn auch unerklärbar miteinander verbunden» [10]. Der Schlüssel zur Lösung dieser Frage kann aber gefunden werden. Denn «nur in der Auseinandersetzung mit den Wahrnehmungen, die uns unsere Leibesorganisation vermittelt, werden wir uns unserer Denkfähigkeit bewusst. Deren Bewusstwerdung entsteht durch die Überwindung des Widerstandes, dem sie begegnet. Die Leibbedingtheit betrifft also die Denkakte, nicht die selbstbedingten Denkinhalte. Denn nur durch Zurückdrängung des hemmenden leiblichen Einflusses kann sich unsere Denktätigkeit durchsetzen. Sie macht sich also von ihrer Leibbedingtheit frei».

Dadurch können wir zur Anerkennung gelangen der Grundwahrheit der menschlichen Existenz, seines Evolutionsziels: «dass die Weltevolution auf die Entstehung selbständiger Wesen, auf die Freiheit hinorientiert ist».

Aber gerade dadurch wird «dem menschlichen Leibe die höchste denkbare Würdigung zuerkannt, nämlich die mit der menschlichen Freiheit verträgliche Trägerschaft des Evolutionssinnes unnerhalb der menschlichen Existenz».

Wir durchschauen auch, dass diese zur Freiheit veranlagte menschliche Organisation mit dem «Zurückdrängungsprinzip» in engstem Wechselwirken steht. Und insofern dieses ein Ergebnis der menschlichen Entwicklung vom mythologischen zum Gegenwartsbewusstsein ist, reift der Mensch auch erst allmählich zur Freiheits-Fähigkeit heran. Heute ist er dazu befähigt, und darum ist der Gegenwartsmensch dazu aufgerufen, sich auf den Weg zur Freiheit zu begeben. Ansonsten wird er einer viel verhängnisvolleren Fesselung verfallen, als Prometheus es war, – weil er viel mehr ein Epimetheus ist, der die «Büchse der Pandora» weit geöffnet hat, die Schrecken, Krankheit und Verderben verbreitet. Denn jedermann wird heute vor die immer dringlichere Frage gestellt: Vermehrt oder vermindert er die wirklichkeitsgemässe Freiheit in der Welt? Trägt er dazu bei, die Taten des Prometheus und Herakles zu verleugnen, die Gaben der Demeter zu verschleudern, die Bestimmung Kains zu vergessen? Es hängt von jedem einzelnen ab, ob er freie Taten sich abringt, die den Prometheus und Herkules in ihm erstarken, Demeterkräfte wecken, Kain erlösen. Jeder Mensch ist heute am Scheidewege seines Schicksals angelangt.

Für einen ersten bescheidenen Schritt in diese Richtung versuchten wir mit unseren Darlegungen uns vorzubereiten. Mögen bald von vielen Menschen, die in diese Richtung aufgebrochen sind, solche Schritte getan werden. Mögen die zahlreichen anderen, die schon in diesem Jahrhundert getan sind, rechtzeitig erkannt werden. Darauf richtet sich unsere Hoffnung und Zuversicht, wie Elpore sie kündet. Denn wir brauchen dringlich viele «Herkulesse des Geistes» in unserer verdunkelten Zeit.

* * *

Von der Urnahrung zur Ernährung der Zukunft

Das Salzbedürfnis als solches stellt ein Symptom dar der Notwendigkeit des Menschen, sich mit seinem Bewusstsein mit der Erde zu verbinden. Das fördert er ebenso durch das Brotbereiten wie durch Wurzelnahrung wie durch die verschiedenen Zubereitungen der Nahrung mittels Backen, Rösten, Dörren, Einsalzen, Einsäuern etc. Alles das fördert die Mineralisierungstendenz der Nahrung, es ermöglicht aber zu gleicher Zeit, dass die Menschheit den Übergang finden kann zur pflanzlichen Ernährung überhaupt. Rudolf Steiner sagte einmal darüber: «Wenn unsere 5. Kulturperiode (d. h. die gegenwärtige Kultur, die noch das 3. Jahrtausend erfüllen wird) zu Ende gegangen sein wird, ... da wird man das Abendmahl verstehen. Da wird alles Tierische nicht mehr genossen werden.» Wer heute sich zu einer vegetarischen Ernährung entschliessen kann, arbeitet also mit an dem Verständnis des Abendmahs, d. h. aber an dem Christus-Verständnis. Darum werden wahrhaft moderne Menschen nicht nur den Alkohol meiden, sondern auch zur reinen Pflanzenernährung übergehen. Dafür muss aber zugleich gearbeitet werden an dem Pflanzenreich selbst, d.h. an dem Erzeugen echter Nahrungsqualitäten. Ohne dieses Streben wird ein solcher Schritt misslingen.

Auf diesem Wege wird aber zugleich vorgearbeitet für eine noch zukünftigere Ernährungsform, die «rein mineralisch» sein wird. Darüber konnte Rudolf Steiner nur wenige Hinweise aussprechen, die aber doch deutlich genug sind, um uns das Verständnis dafür zu eröffnen.

Wir erwähnten schon, dass der Mensch mit verschiedenen Zubereitungsverfahren, die er anzuwenden gelernt hat, die Naturprozesse fortsetzt, indem er mit dem Mineralisieren, mit dem Salzprozess arbeitet, aber zugleich mit dem Wärmeprozess. Er fügt dadurch seiner Nahrung etwas zu, was er mit Hilfe seiner Ich-Organisation im Leibesinnern selbst vollziehen muss. Er bringt daher einen «Ich-Impuls» in seine Nahrung hinein, den die Natur selbst nicht bewerkstelligen kann. «Dazu muss er erst übergehen zu der Nahrung, die er selbst zubereitet im Laboratorium», «aus eigener Weisheit»,[14] - «der Mensch kann sich dann selbst die Nahrung schaffen».

Auch wenn diese Ernährungsform in weiter Zukunft liegt, - schon heute hat sie begonnen und der Mensch arbeitet bei seiner Nahrungsbereitung bereits daran. Er arbeitet damit aber zugleich an einer neuen Umgestaltung seiner ganzen Leibesorganisation, seines ganzen Wesens, das ebenso zukünftige Wandlungen durchmachen wird, wie wir sie für die Vergangenheit im Bilde des Mythos finden konnten. Die grossen Prozesse, mit denen der Mensch in seinem Innern die Natur überwinden lernt, um sich als menschliche Bildung neu aufzubauen, die Überwindung des Salzes und den inneren Verbrennungsprozess, den Wärmeprozess, werden auf diesem Wege eine immer grössere Bedeutung gewinnen. Schon für die Gegenwart konnte Rudolf Steiner in einem seiner Ärztevorträge aussprechen: «Gerade das ist für den Menschen der gegenwärtigen Erdenentwicklung charakteristisch, dass er den mineralischen Bildungsprozess mitmacht.»[8)] Denn durch das Mineralisieren der Nahrung wird er fortwährend aufgefordert, «die Salzbildung in ihr Gegenteil zu verwandeln, und darauf beruht eigentlich unser Menschsein, vor allen Dingen unser über das Tierische hinausgehendes menschliches Denken». Der Mineralisierungsprozess der Nahrung ist also notwendig für die Bewusstseinssteigerung, für die Entwicklung der Fähigkeit, das Denken im Sinne Goethes zu verwandeln in ein lebendiges und zu steigern durch den geisteswissenschaftlichen Schulungsweg zum leibfreien Erfassen des Geistigen. So wird klar, dass für diesen Weg des modernen Menschen der Alkohol das grösste Hindernis, die tierische Ernährungsform das zweitgrösste sein und immer stärker werden muss. Hingegen wird die Pflanzennahrung immer mehr die angemessene sein, insofern der Mensch die dadurch gewonnenen Kräfte zur geistigen Schulung verwenden lernt.

Aber auch das Brot «muss aufgegeben» werden, d. h. in ferner Zukunft wird gerade das Brot - der mineralisierende Prozess - den Übergang bereiten helfen zu einer neuen Ernährungsform. Und es ist im Grunde genommen nicht erstaunlich, wenn Rudolf Steiner darauf hindeutete, dass diese Zukunftsnahrung in einer Art Fortentwicklung der Milchbildung bestehen würde, jedoch «selbst zubereitet im Laboratorium», d. h. unabhängig von der Milchbildung durch die Natur.

Wiederum können wir aber erkennen, wie heute mehr und mehr ein Gegenbild davon in Erscheinung tritt, - ein **unzeitgemässes Vorausnehmen der Zukunft in der Gegenwart:** die unverkennbare Tendenz, auf den verschiedensten Wegen synthetische , d. h. im Laboratorium gewonnene, Substanzen der Nahrung zuzusetzen, angefangen mit der Mineraldüngung der Pflanzen, den Pestiziden bis zu den Tausenden von Substanzen, die in zunehmendem Masse unsere Nahrung durchsetzen, als künstliche Süssstoffe, Aromaträger, Konservierungsmittel, Weichmacher etc. Sie wirken nicht im Sinne des Menschheitsfortschrittes, wie wir ihn hier versucht haben zu erkennen. Sie wollen den Menschen nicht von der Natur zur

Übernatur führen, d. h. zur Vergeistigung seines Wesens, zur Erringung von Freiheit und Liebe, sondern werden seine Fesselung an die Erde verstärken, ihn von der Natur zur Unternatur herabziehen, seinem Wesen und Ziel zu entfremden versuchen.

In diesem Sinne möchte diese Schrift, die sich mit einem speziellen Thema moderner Ernährungsforschung beschäftigt, einen bescheidenen Beitrag zu leisten versuchen zu einem gewaltigen Problem unserer Gegenwart und Zukunft, zu einer Anregung der Urteilsbildung für ein besseres Verständnis der Ernährungsfrage überhaupt, die zugleich ein Schlüssel ist zum wahren Selbst- und Weltverständnis, zum Wandel des menschlichen Bewusstseins im Wechselwirken mit seinen Ernährungsformen. Trotz der gebotenen Kürze und notwendigen Unvollkommenheit unserer Darstellung könnte dann dennoch dieser Versuch zu einem Beitrag werden für die Überwindung der schweren Gegenwartskrise der Menschheit.

Literaturhinweise

1) R. Tannahill: «Kulturgeschichte des Essens von der letzten Eiszeit bis heute», 1979
2) Rudolf Steiner: «Goethes Weltanschauung», 1897
3) Karl Japsers: «Die Wirklichkeit des Mythos», 1965
4) Albert Steffen: «Der Künstler zwischen Westen und Osten», 1925
5) Johann Jacob Bachofen: «Mutterrecht und Urreligion», 1954
6) Rudolf Steiner: «Alte Mythen und ihre Bedeutung», 1907
7) J. Hamburger: «Macht und Ohnmacht der Medizin», 1920
8) Rudolf Steiner: «Geisteswissenschaft und Medizin», 1920
9) Rudolf Steiner: «Welt, Erde und Mensch» Stuttgart, 1908
10) Rudolf Steiner: «Geheimwissenschaft im Umriss», 1910
11) Rudolf Steiner: «Mythen und Zeichen», Vorträge 1907
12) Rudolf Steiner: «Allgemeine Menschenkunde», Stuttgart 1919
13) Gerhard Schmidt: «Dynamische Ernährungslehre» Bd. II, 1979, Kap. 1 «Die Milch als universelles Nahrungsmittel»
14) Rudolf Steiner: Vortrag 4. Nov. 1905
15) Robert Hamerling: Gesammelte Werke
16) S. Bommer: «Die Gabe der Demeter», 1961
17) Rudolf Steiner: Ärztevortrag Dornach, 2. Jan. 1924
18) Albert Steffen: «Das Todeserlebnis des Manes», 1936
19) Rudolf Steiner: Vortrag Berlin, 10. Juni 1905
20) Rudolf Steiner: «Der Mensch als Zusammenklang des schaffenden, bildenden, gestaltenden Weltenwortes», Vortrag 7, Dornach 1923
21) Rudolf Steiner: Arbeitervorträge über Ernährungsfragen vom 2. Aug. 1924
22) Gerhard Schmidt: «Dynamische Ernährungslehre» Bd. I, 1975, Kap. 7 «Rohkost und gekochte Kost»
23) Goethes Naturwissenschaftliche Schriften, herausgegeben von Rudolf Steiner, 1894
24) Rudolf Steiner: «Landwirtschaftlicher Kurs», 1924
25) A. Hock: «Vergleichende Ernährungslehre des Menschen und seiner Haustiere», 1966
26) Rudolf Steiner: «Die Prometheussage» Vortrag 7. Okt. 1904
27) H. Witzenmann: «Polarität und Steigerung», «Beiträge zur Weltlage» No. 64

28) Georg Schmidt: «Johann Jacob Bachofens Geschichtsphilosophie», 1926
29) «Lob der Demeter», herausgegeben von C. Englert-Faye, 1937
30) Ernst Uehli: «Mythos und Kunst der Griechen», 1958
31) Rudolf Steiner: «Unsere atlantischen Vorfahren», 1904
32) Rudolf Steiner: «Weltenwunder, Seelenprüfungen und Geistesoffenbarungen», 1912
33) Rudolf Steiner: «Grundlinien einer Erkenntnistheorie der Goethe'schen Weltanschauung», 1886
34) Ignatius Donelly: «Atlantis, die vorsintflutliche Welt», 1911
35) Rudolf Steiner: «Occulte Geschichte», 1910
36) Rudolf Steiner: «Der Orient im Lichte des Occidents», 1909
37) Rudolf Steiner: «Mysteriengestaltungen», 1923
38) E. Hahn: «Demeter und Baubo», 1896
39) siehe H. E. Jacob: «6000 Jahre Brot», 1954
40) Albert Steffen: «Dramaturgische Beiträge zu den schönen Wissenschaften», 1935
41) «Die Schatzhöhle», Altjüdisches Schrifttum ausserhalb der Bibel, 1928
42) «Sagen der Juden», herausgegeben von M. bin Gurion, o. J.
43) Emil Bock: «Urgeschichte I», 1934
44) Brief an die Hebräer, Kap. 5 und 7
45) P. Friedl: «Himmel, erhalt uns das Bauernbrot», 1979
46) Rudolf Steiner: «Die Ausbreitung des Christentums in Europa», 1924
47) Gerhard Schmidt: «Zur Alkoholfrage», in «Der Beitrag der Geisteswissenschaft zur Erweiterung der Heilkunst, Bd. II, 1951
48) K. O. Möller: «Rauschgifte und Genussmittel», 1951
49) Albert Steffen: «Pilgerfahrt zum Lebensbaum», 1935
50) Rudolf Steiner: Vortrag 1904

Literaturhinweise zu den Kapiteln

«Prometheus»

1) Rudolf Steiner: Vortrag Berlin, 7. Oktober 1904
   Rudolf Steiner: Vortrag Berlin, 23. Mai 1904
2) Dieses und alle folgenden Zitate aus der Prometheus-Sage zitiert nach Gustav Schwab: «Sagen des klassischen Altertums», 1923 und K. W. Ramler «Kurzgefasste Mythologie», 1816
3) Rudolf Steiner: «Unsere atlantischen Vorfahren»
4) Vgl. W. Pelikan: «Heilpflanzenkunde» Bd. I, 1958
5) Rudolf Steiner: «Grundlinien einer Erkenntnistheorie der Goethe'schen Weltanschauung», 1886
6) Rudolf Steiner: «Wahrheit und Wissenschaft», 1892
   «Die Philosophie der Freiheit», Neuauflage 1918
7) Herbert Witzenmann: «Die Voraussetzungslosigkeit der Anthroposophie», 1986
8) Rudolf Steiner: «Die Mission der Wahrheit», Vortr. 22. Okt. 1909

«Von den 12 Arbeiten des Herakles»

9) Gerhard Schmidt: «Dynamische Ernährungslehre», Band 2, 1980
10) J. Bachofen: «Mutterrecht und Urreligion», siehe die entspr. Kapitel dieses Buches
11) Rudolf Steiner: «Das Johannesevangelium» Vorträge 1909
12) Rudolf Steiner: Vorträge 15. Mai 1920

«Vom mythologischen Bewusstsein zur modernen Erkenntniswissenschaft»

1) Rudolf Steiner: «Das Johannes-Evangelium», 1909
2) Rudolf Steiner: «Aus der Akasha-Chronik», 1946
3) A. Gamarith: «Lebendiges Ganzkorn», 1956
4) Vgl. Kapitel: «Der Demeter-Mythos als Spiegel der Menschheitsentwicklung»
5) Albert Steffen: «Das Todeserlebnis des Manes», Dornach 1936
6) Rudolf Steiner: «Grundlegendes für eine Erweiterung der Heilkunst», Dornach 1925
7) Rudolf Steiner: «Ägyptische Mythen und Mysterien»
8) Rudolf Steiner: «Geisteswissenschaft und Medizin», 1920
9) Carl Fortlage: «Acht psychologische Vorträge», 1872
10) Rudolf Steiner: «Geisteswissenschaft und Medizin», 1920
11) K. Akert: in NZZ 30. April 1987
12) Rudolf Steiner: Vortrag Berlin, 13. Dezember 1906
13) Rudolf Steiner: Vortrag Dornach, 22./23. Oktober 1922
14) Rudolf Steiner: «Die Philosophie der Freiheit», 1896
15) Rudolf Steiner: «Wahrheit und Wissenschaft», 1892
16) Rudolf Steiner: Vortrag Berlin, 25. Oktober 1906
17) Rudolf Steiner: Vorträge Den Haag, 1913
18) Herbert Witzenmann: «Die Voraussetzungslosigkeit der Anthroposophie», 1986
19) Gerhard Schmidt: «Die Rolle der Sinnesprozesse in der Ernährung» in «Ernährungsrundbrief» 54/1985
20) Rudolf Steiner: «Der irdische und der kosmische Gedanke«, 1914